Tierkreis
Kochbücher

# Kleines Kochbuch für die Jungfrau

24.8.–23.9.

von Hans J. Fahrenkamp
und Klaus E. R. v. Schwarze

Mosaik Verlag

Gestaltung: Eva und Hansjörg Langenfass
Zeichnungen: Ingeborg Haun, Felicitas Hübner
und Hansjörg Langenfass
Schutzumschlag: Wilfried Becker
Redaktion: EditorenTeam Burkhardt Kiegeland GmbH


Druck und Bindung: Wiener Verlag, Himberg bei Wien

ISBN 3-570-07230-4

# Vorwort

Nicht immer sind aller guten Dinge drei!
Wenn Sie nämlich angesichts einer Jungfrau sofort ans Vernaschen denken, dann kann es hierfür drei ursächlich höchst unterschiedliche Erklärungen geben:
Männer, dies ist Ihre Überzeugung als weibliches Wesen, stehen unter Erfolgszwang und wollen immer nur das eine – mit dieser Überzeugung mißinterpretieren Sie, erste Möglichkeit, das Verhältnis von Angebot und Nachfrage.
Auch die größte Sammlung, so urteilen Sie als Mann, erfährt ihre Krönung erst durch eine ausgefallene Rarität – diese Grundeinstellung ist, Möglichkeit Nummer zwei, Ihr ganz persönlicher Beitrag zur Sexualpsychologie des zwanzigsten Jahrhunderts.
Was dem einen sein Kinsey, so lächeln Sie mit genießerischem Zungenschnalzen, ist dem anderen sein Freud – und Sie sitzen, dritte Möglichkeit, im weltberühmten Feinschmeckertempel »Les freres Troisgros« in Roanne und lassen sich von Jungfrau Pierre Troisgros (3.9.1928) und Schütze Jean Troisgros (2.12.1926) eine gastrosophische Sternstunde zelebrieren, von der an anderer Stelle in diesem Büchlein noch die Rede sein wird!
Wir aber sind nun beim Thema! Eine kulinarische Sternstunde in einem Drei-Sterne-Gourmet-Dorado! Da liegt der Gedanke an Sterne und Sternbilder nicht fern, die unser Leben beeinflussen, unser Schicksal bestimmen und unsere Schritte von Zeit

zu Zeit lenken in jene Gefilde der Seligen, wo selbst Gott wie im Schlaraffenland speist. Die Astrologie, die Wissenschaft und Lehre vom Einfluß der Gestirne auf uns Erdenbürger, ist so alt wie die Geschichte der Menschheit selbst. Bei vielen Völkern wie etwa bei den Babyloniern oder Chaldäern war sie Religion. Und der Glaube an die unlösliche Verbundenheit alles Irdischen mit der gesamten Schöpfung besteht noch heute fort. Unser aller individuelles Schicksal steht ganz fraglos in den Sternen. Liebe, Ehe und Partnerwahl, Beruf und Begabung, Neigungen und Abneigungen, gute und schlechte Tage – alles in unserem Leben unterliegt dem Einfluß der Gestirne, wissenschaftlich berechenbar nach dem Tag, der Stunde und dem Ort unserer Geburt. Dies gilt selbstverständlich auch für unsere Eßgewohnheiten, für unsere Geschmacksvorlieben, für die Frage, was und wie wir zu genießen verstehen. Die jahrtausendealten Erkenntnisse der Astrologie zeigen, daß unser »Lebensfahrplan« zu einem hohen Maße einer Vorherbestimmung unterstellt ist. Und dies muß logischerweise sinngemäß auch für unseren »Magenfahrplan« gelten!

»Die Feinschmeckerei ist eines der wichtigsten Bindeglieder der Gesellschaft« – dieser Ausspruch des am 1. April 1755 im französischen Belly geborenen Anthelme Brillat-Savarin ist wahrlich nicht als Aprilscherz aufzufassen. Der Urvater aller Gastrosophen, der mit seinem Buch »Physiologie des Geschmacks« die Philosophie der Gaumengenüsse begründete, vertrat lediglich etwas gemäßigter jene Ansicht des Herzogs Charles Maurice von Talleyrand, wonach nur Dummköpfe keine Feinschmekker sind. Und der stets an seinen guten Stern glaubende Widder wußte, wovon er sprach, selbst wenn er im astrologischen Sinne keine Jungfrau war. Daß jemand keinen Fisch mag, Grünzeug nur in Form von Salaten zu verspeisen pflegt, Fleischgerichte über alles schätzt und – in summa – überhaupt einen ganz individuellen, unverwechselbar typischen Geschmack an den Tag legt, über den sich schlecht streiten läßt – all dies wird durch das Tierkreiszeichen, unter dem er das Licht der Welt erblickte, bestimmt. Und dies gilt natürlich auch für die Jungfrau! In der Regel!

Sie sind eine Jungfrau und schicken sich nun an, dieses Büchlein zunächst als Lektüre zu genießen. Vielleicht entdecken Sie sich wieder?! Wenn nicht, dann trösten Sie sich mit dem Gedanken, daß Ausnahmen schon immer die Regel bestätigten. Das Vergnügen an den leckeren Jungfrau-Rezepten, bei denen selbst dem Astrologiegegner das Wasser im Munde zusammenläuft, wird auch für Sie eine Sternstunde sein – so oder so ...

# Sternbild und kulinarischer Charakter

Die fraglos über die Grenzen Deutschlands hinaus und über die Jahrhunderte hinweg bedeutendste Jungfrau unseres Volkes der Dichter und Denker war Johann Wolfgang von Goethe. Und der große Olympiker empfand es durchaus nicht als im Widerspruch zu seiner bekannt kritischen Geisteshaltung stehend, in »Dichtung und Wahrheit« das folgende astrologische Bekenntnis abzulegen:

»Am 28. August 1749, mittag mit dem Glockenschlag zwölf, kam ich in Frankfurt a. M. auf die Welt. Die Konstellation war glücklich. Die Sonne stand im Zeichen der Jungfrau und kulminierte für den Tag. Jupiter und Venus blickten sich freundlich an; Merkur nicht widerwärtig; Saturn und Mars verhielten sich gleichgültig. Nur der Mond, der soeben voll ward, übte die Kraft seines Gegenscheins, um so mehr, als zugleich seine Planetenstunde eingetreten war. Er widersetzte sich meiner Geburt, die nicht eher erfolgen konnte, als bis diese Stunde vorübergegangen!«

Auch der Widder William Shakespeare maß dem Einfluß der Gestirne auf uns irdische Winzlinge eine große Bedeutung bei! In seinem Drama »König Lear« läßt er in der dritten Szene des vierten Akts den Grafen von Kent die Worte sagen:

»Die Sterne bilden unsere Sinnesart,
sonst zeugte nicht so ganz verschiedne Kinder
ein und dasselbe Paar!«

Eine selbstbewußt an der Willensfreiheit des Menschen orientierte und somit eher ablehnende Position gegenüber der astrologischen Schicksalslehre bezog hingegen Friedrich von Schiller. Dem Feldmarschall Illo legt er in seinem Drama »Die Piccolomini« bei einem Gespräch mit Herzog Wallenstein, der an günstige und ungünstige Tage bedingende Himmelskonstellationen glaubte, folgende Worte in den Mund:

»Oh, du wirst auf die Sternenstunde warten,
bis dir die irdische entflieht! Glaub mir,
in deiner Brust sind deines Schicksals Sterne.
Vertrauen zu dir selbst, Entschlossenheit
ist deine Venus!«

An der Astrologie scheiden sich die Geister. Dies war schon immer so und wird immer so sein!
Wer da hofft, mit astrologischer Steigbügelhilfe beim Renn-Quintett den Supergewinn einheimsen oder mit Hilfe eines auf Grund der exakten Geburtsminute berechneten Horoskops unter Berücksichtigung bestimmter Glückszahlen und Glückstage das Traumtreffer-Los der Klassenlotterie allen anderen vor der Nase wegziehen zu können – der sollte doch weiterhin lieber bei einer geregelten Tätigkeit bleiben, die ihm bei geregelter Arbeitszeit weiterhin geregelte Einkünfte und eine geregelte Altersversorgung garantiert. Wer aber der Über-

zeugung ist, daß es mehr Dinge gibt im Himmel und auf Erden, als unsere Schulweisheit sich träumen läßt – dem hilft die Astrologie bestimmt, sein Lebensschifflein etwas geschickter und gefahrloser durch die Untiefen und Klippen des Lebens hindurchzusteuern. Und der hat auch bestimmt Spaß an der Freud', wenn er entdeckt, wie seine Eß- und Trinkgewohnheiten durch sein Sternbild beeinflußt werden!

Freude?! Spaß?! Vergnügen?! Sicher wird jetzt mancher einwenden, die Astrologie sei doch wahrlich ein Buch mit mehr als sieben Siegeln – mit Aszendent- und Meridian-Berechnungen, den Konstitutionstypen ähnlichen Elementen, Sternzeit-, Orts- und Häusertabellen, Kardinalszeichen, Tierkreiszeichen-Dekanaten, Himmelshäusern und Horoskopfeldern, Konjunktions- und Quadrat-Aspekten, Jahresplaneten-Tabellen und Trigon-Analyse, die jeden Laien, der nicht die höchsten Weihen der höheren Infinitesimalrechnung genossen hat, zumindest recht verunsichern müssen! Doch keine Angst:

Dieses Büchlein möchte nicht mit wissenschaftlicher Akribie Gelehrsamkeit vermitteln oder unter Beweis stellen, jedes Für und Wider, jedes Wenn und Aber tüftelnd ausloten und mit akademischer Präzision sezieren, grenzwissenschaftlich werten, wägen und katalogisierend zu einer Doktorarbeit aufbereiten. Es möchte vielmehr Spaß machen. Es möchte vom Leser geliebt werden. Humoris causa! Und die Liebe geht ja, bekanntlich, durch den Magen!

Erkenne dich selbst – Astrologie kann nur und möchte in erster Linie Möglichkeiten zur Erkenntnis des individuellen Wesensbildes, des eigenen Wesenskerns vermitteln. Und sie weist als eine Art Astro-Psychologie viele Gemeinsamkeiten auf mit der modernen Charakterkunde und Tiefenpsychologie.

Die astrologische Charakterkunde bedient sich der Tierkreiszeichen, in denen sich Sonne, Mond, Aszendent (das im Augenblick der Geburt im Osten aufsteigende Tierkreiszeichen), der obere Meridian (das im Augenblick der Geburt die Himmelsmitte – Medium Coeli – beherrschende Sternzeichen) und andere wichtige Gestirne zum Zeitpunkt der Geburt eines Menschen befinden.

Die zwölf Tierkreiszeichen symbolisieren gewissermaßen den Kreislauf der Natur, der sich in vier Abschnitte unterteilen läßt.

Den ersten Abschnitt leitet das Feuerzeichen Widder ein – Sinnbild der Schöpfung, der Geburt, allen Beginns und Beginnens. Der zweite Abschnitt symbolisiert, eingeleitet durch das Wasserzeichen Krebs, das Einsetzen des Ich-Bewußtseins, den Anfang der Besinnung auf sich selbst, auf die eigene Persönlichkeit und Individualität. Am Beginn des dritten Abschnitts steht das Luftzeichen Waage – Sinnbild des Wägens, des Abwägens, mit dem das Individuum sich in Bezug zu seiner Umwelt setzt. Und im vierten Abschnitt des Tierkreises, der durch das Erdzeichen Steinbock eingeleitet wird, symbolisiert sich das Einswerden des zur Persönlichkeit herangereiften Individuums mit der Gemeinschaft, in der es lebt.

Die Sonne durchläuft nun diese einzelnen Tierkreiszeichen in ganz bestimmten, unverrückbaren Zeiträumen:

| | | |
|---|---|---|
| Widder | 21. 3. | bis 20. 4. |
| Stier | 21. 4. | bis 20. 5. |
| Zwilling | 21. 5. | bis 21. 6. |
| Krebs | 22. 6. | bis 22. 7. |
| Löwe | 23. 7. | bis 23. 8. |
| Jungfrau | 24. 8. | bis 23. 9. |
| Waage | 24. 9. | bis 23. 10. |
| Skorpion | 24. 10. | bis 22. 11. |
| Schütze | 23. 11. | bis 21. 12. |
| Steinbock | 22. 12. | bis 20. 1. |
| Wassermann | 21. 1. | bis 19. 2. |
| Fische | 20. 2. | bis 20. 3. |

Da nun Millionen und aber Millionen von Menschen den gleichen Sonnenstand, bestimmt nach dem Tagesdatum der Geburt, gemeinsam haben, charakterisiert diese Menschen eine Summe von Gemeinsamkeiten, die sie grundlegend von unter einem anderen Sonnenstand geborenen Menschen unterscheidet. Mit anderen Worten: »Zwillinge« sind ganz anders als »Wassermänner«, und eine »Jungfrau« ist kein »Stier«!
Allerdings ist auch Jungfrau nicht unbedingt gleich Jungfrau! Nicht alle zwischen dem 24. August und dem 23. September geborenen Menschen ähneln einander wie ein Ei dem anderen. Dies wird schon deutlich, wenn man versuchen wollte, Persönlichkeiten und »Persönlichkeiten« wie Aristoteles Sokrates Onassis (21.9.1906), Vico Torriani (21.9.1920) und Franz Beckenbauer (11.9.1945) auf einen Nenner zu bringen.
Zu einer wirklich individuellen Schicksals- und Charakterbestimmung bedarf der erfahrene Astrologe der möglichst exakten Geburtsminute, des ge-

nauen Geburtsortes und, wenn möglich, innerhalb dieses Ortes der genauen Lage des Geburtshauses (denn es ist, wenn man beispielsweise in der Weltstadt mit Herz das Licht der Welt erblickte, ein räumlicher, geographischer und somit für die Berechnung des Sonnenstandes erheblicher Unterschied, ob dies in München-Pasing oder in München-Trudering stattfand). Erst anhand dieser Daten lassen sich der obere Meridian und der Aszendent bestimmen. Während sich aus dem Sonnenstand am Tagesdatum der Geburt Aussagen machen lassen über bestimmte typische, jedoch auch wieder allgemeine Verhaltensweisen, beeinflußt der Aszendent den einzelnen Menschen selbst, das Individuum, seine Persönlichkeit und sein Ich mit der Summe aller Anlagen, Triebe und Talente. Und der obere Meridian schließlich erlaubt Rückschlüsse darauf, in welchem sozialen, beruflichen und materiellen Bezug die Individualität eines Menschen zu ihrer gesamten Umwelt steht. Mit anderen Worten:
Sonnenstand im Augenblick der Geburt plus Aszendent plus oberer Meridian zusammen machen erst aus einem zwischen dem 24. August und dem 23. September geborenen Menschen eine individuelle Jungfrau, die sich nicht nur generell wie andere Jungfrauen verhält – sondern in deren Charakteristik sich das Ich wie in einem Spiegel selbst erkennt!
Doch so genau möchten wir's hier ja gar nicht wissen! Mag man lediglich herausfinden, ob jemand eher zum Gewürz-Einfall oder zur Gewürz-Einfalt neigt, Tiefkühlkost als Gaumenkitzel deklariert oder feine Unterschiede zu erkennen in der Lage ist

zwischen russischem, rumänischem und deutschem Kaviar, dann braucht man nicht pingeliger als Adenauer und päpstlicher als der Papst zu sein. Und es spielt, da dies alles ja in erster Linie ein augenzwinkerndes (Gaumen-)Vergnügen sein soll, keine so entscheidende Rolle, ob man im Glauben an die Sterne der Weisheit letzten Schluß sieht oder ob man eher skeptisch hinauf zum Sternenhimmel blickt. Schließlich ist es für das Wetter von morgen auch nur von allenfalls untergeordneter Bedeutung, inwieweit ich dem Wetterbericht von heute Glauben schenke!

Verlassen wir uns daher getrost auf die Ergebnisse jahrtausendealter Sichtung, Prüfung und Katalogisierung statistischen Materials, die eine für den gegebenen Bedarf stichhaltige Charakteranalyse ermöglicht und erlaubt:

Die unter dem vom 24. August bis zum 23. September regierenden Tierkreiszeichen geborenen Jungfrauen beiderlei Geschlechts zeichnen sich durch Realitätssinn und sachliche Nüchternheit aus. Sie gehen an alles mit dem Verstand heran und lassen sich höchst selten ein X für ein U vormachen.

Und manche Jungfrau ist nur deshalb noch eine »Jungfrau«, weil ihr kühler Intellekt sich von der Süßholzraspelei des Liebhabers in spe nicht betören ließ!

Jungfrauen stehen mit beiden Beinen ziemlich irdisch auf dem Boden der nackten Tatsachen. Sie auf dem linken Fuß zu erwischen, dürfte ziemlich schwierig sein. Denn sie sind wandelnde Radarstationen:

Zurückhaltend und reserviert registrieren sie mit peinlichster Genauigkeit alles, was rund um sie her-

um geschieht, und mit ihren wachen Sinnen hören sie sogar das Gras wachsen. Und natürlich die Kräuter, für die Jungfrauen aus kulinarischen und gesundheitlichen Gründen eine Schwäche haben. Ihre Vorsicht gebietet es ihnen dabei, vornehmlich mit den gefährlichen Seiten des Lebens zu rechnen, mit dem Unangenehmen – weil man dann schließlich allenfalls nur angenehm enttäuscht werden kann!
Vorsicht ist die Mutter der Porzellankiste – dieser kesse Ausspruch könnte das Familienwappen einer Jungfrau zieren! Mit Logik, Gründlichkeit und Systematik wird das Leben angegangen. Spekulative Gedankenspielereien und spontane Aktivitäten aus der Laune des Augenblicks heraus sind verpönt. Und dem Zufall wird keine Chance eingeräumt. Wobei die Umwelt stets einer kritischen Prüfung unterzogen wird – was im negativen Sinne bis zur pedantischen Nörgelei reichen kann.
Humor ist, wenn man trotzdem lacht – diese tiefsinnige Feststellung konnte der temperamentvolle Widder Wilhelm Busch nur deshalb treffen, weil er eben keine Jungfrau war. Diese nämlich zeichnet sich durch eine mitunter schon stark einer Tiefkühltruhe ähnelnde Humorlosigkeit aus, weil sie sich vom Verstand einreden läßt, daß das Leben nicht zum Lachen ist! Obwohl sie eigentlich vom Naturell her mit trockenem, man möchte fast sagen angelsächsischem Witz begabt ist. Doch bevor sie eben lacht, wägt sie gewissenhaft das Für und Wider ab, ob es im gegebenen Moment angebracht ist oder nicht, der Welt mit einem Lächeln zu begegnen. Und wenn sie dann zuverlässig weiß, es darf gelacht werden, dann ist es meist zu spät: Es durfte gelacht werden!

Die gerade angesprochene Zuverlässigkeit ist übrigens eines der hervorstechendsten positiven Charaktermerkmale der Jungfrauen männlichen und weiblichen Geschlechts. Zu Abenteuern und risikoreichen Unternehmungen fehlt ihnen der Mut und ein gewisser Schuß Gottvertrauen. Ihr Instinkt läßt sie vor- und umsichtig stets auf Nummer Sicher setzen. Wie Elisabeth I. von England (7.9.1533), die ganze neunzehn Jahre brauchte, um die 1568 in ihre Gefangenschaft geratene Nebenbuhlerin Maria Stuart verurteilen und 1587 köpfen zu lassen! Doch wir wollten von den positiven Seiten jungfräulicher Zuverlässigkeit sprechen:
Das Leben einer Jungfrau gleicht dem jenes geregelten Zeitgenossen, das der einfühlsame Fisch Erich Kästner einmal wie folgt skizzierte:

> Und wenn sich die Achse der Erde verböge:
> er wußte, wieviel er am 1. Mai
> (vorausgesetzt, daß er am Leben sei)
> in zwanzig Jahren Gehalt bezöge!

Derartige Zuverlässigkeiten liebt die auf Sicherheit bedachte Jungfrau, die ihr Erdendasein gerne nach einem unumstößlichen Lebensfahrplan ordnet, vorausberechnet und einrichtet. Völlig unverständlich hingegen wie Fremdlinge eines anderen Sterns sind ihr jene Menschen, die mit dem Schicksal um ihre Chance pokern und gar in der Lage sind, etwa in einem einzigen hehren, unvergeßlichen Augenblick die Gunst des Schicksals und damit vielleicht sogar die Erfüllung des Lebens zu sehen – wie jener ebenfalls von Erich Kästner so ergreifend geschilderte Turnvater, der nach einem Handstand auf der Lorelei in die Tiefe stürzte:

Er starb als Held. Man muß ihn nicht beweinen.
Sein Handstand war vom Schicksal überstrahlt.
Ein Augenblick mit zwei gehobnen Beinen
ist nicht zu teuer mit dem Tod bezahlt!

Nein, hier wendet sich die Jungfrau voll Grausen ab und ihrem bis ins kleinste Klein-Detail durchorganisierten Alltag zu, in dem das Außergewöhnliche allenfalls als Hitchcock-Reprise im Nachtprogramm des Fernsehens Platz hat. Und dabei ist noch nicht einmal sicher, ob sie sich diese überhaupt zu Gemüte führt. Denn als realistischer Mensch kauft sie es sich nur ungern ab, an undurchsichtigen Phantastereien Gefallen zu finden. Wirtschaftsnachrichten sind ihr lieber. Oder wenn schon Film, dann wenigstens was über die Bewältigung der Dollarkrise oder so. Lehrreich muß es sein. Und es sollte immer einen klaren Nutzeffekt haben! Und ein Nutzeffekt im wahrsten Sinne des Wortes ist für jeden Menschen die Bekanntschaft mit einer Jungfrau. Auf ihr mit Köpfchen durchkalkuliertes Lebenssystem kann sie sich verlassen. Und wer sich auf sie verläßt, ist nie verlassen. Denn sie ist das Vertrauen wert, das man in sie setzt!
Einfach so gut Kirschen essen ist allerdings nicht mit ihr. Wo andere sich gerne mal überraschen lassen mit einer vom Zufall geschenkten Kostprobe aus nachbarlichen Obstgärten, da wartet die rationell planende Jungfrau mit einem Keller voller Einweckgläser auf. Und sie könnte, wenn in diesem Jahr alle Kirschbäume der Welt durch eine Giftlaus zerstört würden, noch in fünfzehn Jahren ans Eingemachte gehen! Vorratswirtschaft liegt ihr eben. In der Küche. Im Keller. Und auch sonst:

Übergenau, oft pedantisch, mit Bienenfleiß und emsiger Methodik, dabei meist von unauffälliger Bescheidenheit – so meistert die Jungfrau das Leben. Da sie sich selbst eine Systematik der Normen und Ordnungen für den eigenen Bereich zimmert, fällt es ihr nicht schwer, auch von außen an sie herangetragene Vorschriften mit Pflichtgefühl zu erfüllen. Wobei sie zunächst die Dinge im Detail analysiert, bevor sie das Ganze einer Sache akzeptiert – immer vorausgesetzt, daß ihr dies dann auch sinnvoll und vernünftig erscheint! Voreilige Entschlüsse liegen ihr eben nicht. Sie geht alle Dinge mit skrupelhaftem Zaudern an. Oft wirkt sie deswegen wie ein Pulverfaß, dessen Lunte langsam glimmt. Sehr langsam! Gut Ding will nämlich ihrer Ansicht nach Weile haben. Sein oder Nichtsein, das ist bei ihr immer die Frage – der große Zauderer Hamlet könnte eine Jungfrau gewesen sein!
Dies alles bewirkt natürlich, daß der Jungfrauen-Typ ziemlich unverrückbar in sich selbst ruht. Und dies wiederum strahlt Ruhe aus auf die Umwelt – wie etwa die in majestätischer Harmonie verinnerlichten Bilder der Jungfrau Caspar David Friedrich (5.9.1774). Wobei allerdings der Beruf des Malers ziemlich außergewöhnlich für unter diesem Tierkreiszeichen geborene Menschen ist:
Ihre Sparsamkeit, ihr Organisationstalent, ihre Gründlichkeit, ihr nüchternes Verhältnis zum Geld und der Einfluß des Merkur, des guten Sterns allen Lehrens und Lernens, prädestiniert Jungfrauen vornehmlich für Berufe wie Wirtschafts- und Finanzpolitiker (übrigens ein »Hobby« der am 6.9.1915 geborenen Jungfrau Franz-Josef Strauß), Bilanzbuchhalter und Steuerprüfer, Kunstkritiker

und Sprachwissenschaftler, Mathematiker und ... Nahrungsmittelchemiker!
Womit das Stichwort gegeben ist, um uns dem kulinarischen Charakter der Jungfrau zuzuwenden: Unter diesem Tierkreiszeichen geborene Erdenbürgerinnen und Erdenbürger kochen, essen und genießen natürlich auch mit dem Köpfchen, denn gerade hier gelingt es ihnen nicht, über ihren Schatten zu springen. Der stets wache, nüchtern registrierende Verstand hilft der Jungfrau, genaueste Kenntnisse über die schwachen Stellen ihres Körpers gesundheitsbewußt in die Küchenplanung einzubringen. Tiefkühlkost und Fertiggerichte lehnt sie ab. Den für Jungfrauen typischen Gallen- und Leberleiden beugt sie durch spezielle Diät vor. Mehlschwitzen und andere Dickmacher meidet sie. Und Verdauungsstörungen geht sie durch FdH (»Futter die Hälfte!«) aus dem Wege!
Wer nun nach diesen Zeilen allerdings glaubt, Jungfrauen seien keine Feinschmeckerinnen, der ist, wie man in Bayern so schön sagt, auf der Brennsuppen dahergeschwommen. Oder auf dem Holzweg (für Preußen und andere Ausländer jenseits des Weißwurst-Äquators)! Im Gegenteil:
Für die Jungfrau muß alles, was auf den Tisch kommt, frisch und nahrhaft sein, natürlich auch gesund und von exquisitem Geschmack. Und da sich bei ihr Sparsamkeit und Organisationstalent paaren, versteht sie sich selbst bei schmalstem Küchenetat hervorragend auf sinnvolle Vorratswirtschaft, die ein stets leckeres und appetitliches Tischleindeckdich garantiert!
Die Küche einer Jungfrau ist ein Augenschmaus für jeden Kulinarier. Blitzblanke, hygienische Sauber-

keit, wohin das Auge blickt – den Bohemienstil etwa einer Zwilling-Küche verabscheut sie zutiefst. Bei ihr hat alles seine Ordnung und seinen Platz. Auch schlechte Fette, Billig-Essig, Tütensuppen, Fleischwürfel und gewürzflüssige Gaumenbeleidigungen – die stehen nämlich im Regal des Supermarkts, wo sie von der Jungfrau keines Blickes gewürdigt werden. In ihre Küche kommt nur reines Olivenöl, echter Wein- bzw. Estragon-Essig und frisches Gemüse vom Markt, mit dem sie die köstlichsten Süppchen zu zaubern versteht. Und natürlich fehlt der eigene Gewürzgarten nicht! Zur Not tun's sogar eine Blumenkiste auf dem Balkon oder einige Töpfchen am Fenster, in denen sie Anéthum gravéolens (Dill für Salate, Salzkartoffeln, Fischgerichte und zum Einlegen von Gurken), Origanum majorana (Majoran für Fleischgerichte wie etwa gefülltes Spanferkel, Leberknödel und natürlich die Pizza), Petroselium crispum (Petersilie für Suppen und Soßen, zu Fischgerichten, Eierspeisen und Salaten) und Rosmarinus officinalis (provenzalischen Rosmarin für Lammbraten, Huhn, Wild und weißen Fisch) zieht. Die restlichen sechsundneunzig Gewürze von Pimpinelle und Safran über Kumin und Koriander bis zu den Sambals der indonesischen Küche und zu Muskatnuß und Ingwer finden sich in einem Gewürzschränkchen, bei dessen Anblick jedem Gastrosophen das Herz im Leibe vor Freude hüpft.
Die Beschreibung der Küche wäre nicht vollständig, vergäße man Geschirr und Gerät zu erwähnen! Die Jungfrau liebt es rustikal:
Irdene Pfannen und Schüsseln, wie sie für die Mittelmeerländer typisch sind, gußeiserne Tiegel und

Töpfe und viel, viel Holz dominieren in der Küche der Jungfrau. Und die gemütliche, anheimelnde Atmosphäre runden Vorhänge aus grobem, schwerem Bauernleinen ab.
Daß Jungfrauen gute Gastgeberinnen und Gastgeber sind, versteht sich fast von selbst. Denn es macht ihnen Spaß, ihr Können unter Beweis zu stellen. Und mit Sachverstand und Phantasie zaubern sie unablässig neue Überraschungen selbst für den verwöhntesten Gaumen. Schließlich sind sie ja selbst zu den Genießern unter den Feinschmeckern zu zählen!
Typisch für die Jungfrau ist die Sammelleidenschaft – selbstverständlich gibt es in ihrer Küche ein Regal mit alten, kostbaren Kochbüchern, interessanten Neuerscheinungen auf dem Gebiete der gastrosophischen Literatur ... und mit einem Schnellhefter, wo aufgeschnappte und aus Illustrierten herausgeschnittene Rezepte übersichtlich eingeordnet sind! Natürlich fehlt auch »Das große Gesundheitsbuch für die ganze Familie« nicht, denn die Jungfrau neigt nun mal ein wenig zur Hypochondrie und hat stets gerne einen Ratgeber griffbereit zur Hand, um sich im Falle des Falles rasch ein Tränklein brauen oder ein Müslein anrühren zu können. In dieser Hinsicht ist sie ihre eigene Apothekerin, Laborantin und Chemikerin!
Doch ihren Gästen fällt sie damit niemals auf den Wecker. Jeder ist seines eigenen Glückes Schmied, das ist ihre Devise – ihre Erkenntnisse würde sie anderen niemals aufdrängen. Sie verwöhnt sie lieber mit kulinarischen Köstlichkeiten, von denen nur sie selbst weiß, daß sie unter strengster Vermeidung alles Ungesunden zubereitet wurden. Die Haupt-

sache ist dann nur noch, daß den Gästen die Artischocken à la Romana, die Hummer-Suppe, die marinierten Muscheln, die japanischen Wachteln, die gefüllten Pfanneküchlein à la Niçoise und die köstlich-jungfräulichen Dessert-Zaubereien (um nur einige Leibgerichte zu nennen) munden. Und dies tun sie, wie jeder weiß, der einmal als Gast König am Tisch einer typischen Jungfrau war! Zum Beispiel beim Drei-Sterne-Kochgenie Pierre Troisgros in Roanne, wovon noch die Rede sein wird …

# Schmeckt Ihnen Ihr Sternbild?

Ist Ihnen das, was Sie bis jetzt über Ihren kulinarischen Charakter erfahren haben, auf der Zunge zergangen? Oder haben Sie ein Haar in der Suppe gefunden?
Ein kleiner Test soll Ihnen helfen zu klären, ob und wie Ihre ganz persönlichen Küchen-, Eß- und Genußgewohnheiten zu Ihrem Sternbild passen – oder ob Sie gar eine der Ausnahmen sind, welche die Regel bestätigen!
Kreuzen Sie bitte bei den folgenden Fragen jeweils die Antwort A, B oder C an!

1. Bei einem Urlaub auf dem Lande entdecken Sie eine kleine Weberei, die wunderschöne Bauernstoffe zum Verkauf anbietet. Spontan entschließen Sie sich (was eigentlich normalerweise bei Jungfrauen nicht vorkommt), Ihre Küche daheim mit neuen Vorhängen zu verschönern. In welcher Farbe suchen Sie sich den Stoff aus?
A Gelb
B Blau
C Violett

2. Wann erblickten Sie das Licht der Welt?
A Zwischen dem 24. August und dem 2. September.
B Zwischen dem 3. September und dem 12. September.
C Zwischen dem 13. September und dem 23. September.

3. Sie haben in einem alten Kochbuch eine sensationelle Köstlichkeit entdeckt, die Sie nun für ein paar Freunde auf den Tisch zaubern wollen. Und

da beginnt nun tatsächlich die »Zauberei«, denn einige der erforderlichen Zutaten stehen Ihnen einfach nicht zur Verfügung! Was tun Sie in dieser Situation?

B Ich verlasse mich auf Köpfchen und Spürnase und bereite das Gericht ganz einfach »à la maison« zu – nach Art meines Hauses!

A Das ist natürlich eine Herausforderung, der ich mich stelle – es kann mir aber durchaus passieren, daß mich das Ergebnis meiner Kochkünste nicht befriedigt: dann werde ich meinen Gästen mit dem Ausdruck des Bedauerns reinen Wein einschenken!

C Ich begebe mich so früh in die Küche, daß ich mir einiges Experimentieren leisten kann, denn eine Blöße will ich mir auf gar keinen Fall geben!

4. Und nun die ganze Geschichte andersherum! Gute Freunde haben Sie zu einem indonesischen Schlemmermahl eingeladen. Und nun sitzen Sie vor den dampfenden und duftenden Schüsseln und Schalen und ... es schmeckt Ihnen nicht. Ihr feinschmeckerischer Gaumen vermeldet pikiert, daß hier mit durchaus gutem Willen, aber fehlenden Grundkenntnissen an den Feinheiten des fernöstlichen Rezepts vorbeigekocht wurde. Wie verhalten Sie sich?

C Ich greife zu, ohne mir etwas anmerken zu lassen, und gebe mir dabei innerlich das Ehrenwort, der nächsten Einladung nicht Folge zu leisten.

A Ich greife zu und sage mir dabei innerlich, daß gute Freunde nicht immer gleichzeitig unbedingt auch gute Köche sein müssen.

B Ich greife zu und verkleide meine Kritik in Verbesserungsvorschläge, die ich so anbringe, daß sie als »Gedankenaustausch zwischen Hobby-Koch und Hobby-Koch« niemandem weh tun.

5. Durch Zufall haben Sie eine kleine Kneipe in einer noch kleineren Seitenstraße entdeckt, wo man zu Ihrem größten Erstaunen einfach vortrefflich speisen kann. Was tun Sie?

A Ich behalte diese Adresse für mich, weil man nie genau weiß, ob es Freunden, denen man den Tip gibt, dort ebenfalls schmeckt.

C Ich gebe die Adresse guten Freunden, weise aber auf die Tatsache hin, daß das Lokal nicht unbedingt den Vorstellungen entspricht, die man gemeinhin von einem Feinschmeckertempel hat.

B Ich gebe dem Chef des Hauses einige Anregungen, wie er sein Lokal auch für Leute attraktiv machen kann, die sich von Äußerlichkeiten leicht beeinflussen lassen.

Notieren Sie jetzt bitte, wievielmal Sie A, B und C angekreuzt haben in diesem Test!

Bewertung:

Sie sind, sofern in Ihrem Testergebnis die A-Werte überwiegen, eine noch stark unter dem Einfluß des Löwen stehende Jungfrau. Das macht Sie scheu und oftmals unzufrieden mit sich selbst und mit Ihren Leistungen. Ein Weltmeister in Sachen Selbstbewußtsein sind Sie nicht gerade – und das gilt auch für den Bereich der Küche! Vor einer allzu komplizierten Zubereitung strecken Sie leicht die Waffen beziehungsweise Kochlöffel. Und wenn Sie irgendwo ein gutes Lokal entdeckt haben, dann erzählen Sie's nicht weiter aus Angst, anderen eine Meinung aufzudrängen, die jene dann vielleicht gar nicht teilen wollen.

Wenn in Ihrem Testergebnis die *B-Werte* überwiegen, dann sind Sie das astroloklassische Beispiel einer männlichen oder weiblichen Jungfrau. Ihr Gaumen ist unbestechlich! Und da er eine falsche Zubereitung, eine Gewürzpanne oder eine falsche Temperierung des Weins als persönliche Beleidung empfindet, sparen Sie auch nicht mit Kritik sich selbst und natürlich auch Ihren Gastgebern gegenüber. Sie verkleiden diese Kritik natürlich höflich, wobei Ihnen Ihr angeborener Witz hilft. Im Wiederholungsfalle aber können Sie unter Umständen recht sarkastisch auf eine verhunzte Soße reagieren, wobei Sie zwei Fliegen mit einer Klappe schlagen: Sie werden Ihrem Pflichtgefühl gegenüber der hohen Kunst des Kochens gerecht – und von diesen Stümpern werden Sie nie wieder eingeladen!

Überwiegend *C-Werte* in Ihrem Testergebnis weisen Sie als Jungfrau aus, die schon stark unter dem Einfluß des Tierkreiszeichens Waage und des Planeten Venus steht. Freundlichkeit, Höflichkeit und entgegenkommende Wesensart zeichnen Sie aus. Doch »auszeichnend« ist nicht unbedingt gleichbedeutend mit »ausgezeichnet«! Und ausgezeichnet fühlen Sie sich bei Ihrem Naturell nicht immer. Oft passiert es Ihnen, daß Sie an einem Ergebnis mangelhafter Kochkenntnisse würgen. Protest und Kritik liegen Ihnen auf der Zunge. Aber rücksichtsvoll gegenüber Ihren Gastgebern schlucken Sie's dann doch schweigend runter. Wobei es der Verdauung nicht unbedingt förderlich ist, daß Sie sich schwören, diese gastliche Stätte beziehungsweise dieses ungastliche Lokal fürderhin nicht mehr aufzusuchen! Denn was nützt Ihnen Ihr »guter Ruf«, wenn Sie sich dabei den Magen verderben?! Sie sind der Typ, der seine eigene Küche zum Tempel ganz persönlicher Lukull-Feste macht. Machen Sie was draus! Laden Sie zu sich ein. Ihren Gästen wird rasch ein Licht aufgehen, daß man ein solches Genie lieber nicht an fremde Tische lockt!

# Die kulinarischen Kronzeugen

Wenn es genießerische Wassermänner nach Collonges-Au-Mont-d'Or zu Paul Bocuse zieht, der als gastrosophischer Super-Guru über die Gaumen dieser Tierkreis-Leckermäuler gebietet, dann pilgern feinschmeckerische Jungfrauen einige Kilometer weiter in Roanne zum Drei-Sterne-Genius sämtlicher Koch-Genies – zu Pierre Troisgros (3.9.1928). Die Frage klären zu wollen, wer von beiden der Meister der Meister ist, dürfte ähnliche Probleme aufwerfen wie die Quadratur des Kreises. Fest aber steht, daß für Kreise, in denen Essen und Trinken nicht nur als Nahrungsaufnahme und Stoffwechselaktivierung gilt, die Gegend um Lyon ein Eldorado ist. Hier könnte selbst der liebe Gott wie im Schlaraffenlande tafeln, falls er mal des himmlischen Mannas überdrüssig sein sollte. Und vielleicht würde er's sogar gänzlich aus den paradiesischen Speisekammern verbannen, wäre er in der Lage, sich selbst einmal Dispens zu erteilen, um sich von Pierre und seinem Bruder Jean Troisgros bewirten zu lassen! Beispielsweise mit

**Escalope de saumon à l'oseille**
(saftige Lachsschnitzel mit einer ganz leichten Sauerampfer-Sauce für zwei)

*500 g frischer Lachs (möglichst das Schwanzteil) · 1 kl. Zwiebel*
*2–3 Petersilienstiele · 1 EL Champignonstiele*
*einige Tropfen Zitrone · 1 Pr. Salz*
*1/16 l trockener Weißwein*
*1/16 l trockener Vermouth · 1–2 Schalotten*
*ca. 1 dl süße Sahne · Pfeffer · Salz*
*ca. 50 g Sauerampfer · 1 EL Öl*

Zuerst wird der Fischfond zubereitet, der der Sauce den besonderen Pfiff gibt. Dazu den Lachs häuten, das Fleisch von der Mittelgräte lösen und evtl. stärkere Gräten mit der Pinzette aus dem Fleisch ziehen. Das Fleisch kühl stellen.
Die Gräten mit ca. 2 dl Wasser aufsetzen, aufkochen und abschäumen. Die feingewürfelte Zwiebel, Petersilienstiele, Champignonstiele, Zitronensaft und eine kleine Prise Salz zufügen und den Sud bei starker Hitze auf ein Drittel des Volumens einkochen lassen, durch ein Haarsieb abgießen und erkalten lassen.
Fischfond, Vermouth, Wein und die feingewürfelte Schalotte in einer Kasserolle einkochen, bis die Flüssigkeit sirupartig wird.
Inzwischen das Lachsfleisch in dünne Scheiben schneiden und zur Seite stellen. Den Sauerampfer utzen, waschen, die Blätter aufeinandergelegt zusammenrollen und in schmale Streifen schneiden.

Den Sauerampfer im sprudelnd kochenden Salzwasser blanchieren, bis er zusammenfällt, abtropfen lassen.
Den eingekochten Fond durch ein Haarsieb gießen, mit der Sahne verrühren und die Sauce einköcheln, bis sie beginnt, leicht zu binden. Den Sauerampfer zugeben.
Die Lachsscheiben pfeffern, salzen und im heißen Öl auf jeder Seite nur einige Sekunden garen, mit dem Pfannenwender umwenden und auf warmen Tellern anrichten. Mit der Sauce umgossen sofort servieren.

Der recht offenherzig formulierende fränkische Reichsritter Götz von Berlichingen gehört insoweit zu unserem Thema, als sich in der 1773 von Goethe getätigten Aufbereitung seines Lebens zum Schauspiel in der zweiten Szene des ersten Aktes der Klosterbruder Martin sehr bezeichnend zu ebendiesem Thema einläßt:
»Wenn Ihr gegessen und getrunken habt, seid Ihr wie neu geboren; seid stärker, mutiger, geschickter zu Euerem Geschäft. Der Wein erfreut des Menschen Herz, und die Freudigkeit ist die Mutter aller Tugenden. Wenn Ihr Wein getrunken habt, seid Ihr alles doppelt, was Ihr sein sollt, noch einmal so leicht denkend, noch einmal so unternehmend, noch einmal so schnell ausführend!«
In einem Brief vermerkte der damals dreiunddreißigjährige Dichter Jean Paul, der im Jahre 1796 zu Besuch bei Goethe weilte, mit Erstaunen die Unmengen Gänsebraten, die aufgetischt wurden, und die Forellen, die es bereits zum Zehn-Uhr-Frühstück gab. Und er fügte hinzu:

»Auch frisset er entsetzlich. Schon am zweiten Tag warf ich hier mein dummes Vorurtheil für große Autores ab als wärens andere Leute!«
Goethe-Fans, die jetzt erbost zur Palastrevolution aufrufen möchten, sei entgegengehalten, was Erich Kästner sinngemäß hierzu meint:

Wer anläßlich dieser Erklärung
behauptet, das sein Infamie,
der verwechselt Heldenverehrung
mit Mangel an Phantasie!

Nein, Johann Wolfgang von Goethe war, mit Verlaub gesagt, ein genüßlicher Vielfraß. Das beweist etwa jener Brief, den er im Jahre 1810 an Christiane Vulpius von Jena nach Weimar schrieb:
»Schicke mir ja von Zeit zu Zeit etwas Genießbares; denn unser Tisch ist sehr schlecht. Ich habe vier, fünf Tage bloß von Cervelatwurst, Brot und rotem Wein gelebt. Ich bitte Dich also aufs allerinständigste, mir mit jedem Boten-Tag etwas Gutes, Gebratenes, einen Schöpsenbraten, einen Kapaun, ja, einen Truthahn zu schicken, es mag kosten, was es will. Damit wir nur zum Frühstück, zum Abendessen und wenn es Mittag ist, irgend etwas haben, was sich nicht vom Schwein herschreibt!«
Gesegneten Appetit brauchte man ihm wahrlich nicht zu wünschen! Er konnte immer und überall essen. Und das in Mengen, daß Köchen und Gastgebern oft die Haare zu Berge standen. Oft waren die Platten schon von ihm geleert, bevor die übrige Tischrunde sich die ersten Bissen zum Munde geführt hatte. Und das galt ganz besonders dann, wenn seine Lieblingsdelikatesse aufgetischt wurde.

**Lachspastete**

*200 g entgräteter und enthäuteter Lachs*
*½ l Weißwein · 1 TL Salz · 1 Pr. weißer Pfeffer*
*1 EL gehackte Petersilie · Salzwasser*
*30 g Brunnenkresse · 30 g Spinat*
*200 g Champignons*
*1 TL Olivenöl · ½ Zwiebel · 250 g Lachs*
*100 g Seeaal · Salz · Pfeffer*
*1 Knoblauchzehe · 1 gehackter EL Estragon*
*1 EL gehacktes Kerbelkraut · 1 Eigelb*
*2 Eiweiß · Butter*

Die 200 g Lachs quer zu den Fasern in etwa 1 cm breite Streifen schneiden. Den Wein mit Salz, Pfeffer und Petersilie zu einer Marinade verrühren und die Fischstreifen darin etwa 1 Stunde ziehen lassen.
Inzwischen Brunnenkresse und Spinat in kochendem Salzwasser etwa 2 Min. blanchieren, herausnehmen, kalt abschrecken und abtropfen lassen.
Die Champignons putzen, waschen, abtrocknen und vierteln. Die Zwiebel feinhacken und im Olivenöl glasig dünsten. Die Champignons zugeben und kurz mit anrösten, herausnehmen und zur Seite stellen.
Das sauber enthäutete, entgrätete Lachs- und Seeaalfleisch im Mixer fein pürieren oder zweimal durch den Fleischwolf (feinstes Loch) drehen. Die Fischmasse mit Pfeffer, Salz und der feingehackten Knoblauchzehe würzen. Das blanchierte Gemüse und die frischen Kräuter dazugeben, die Masse mit dem Eigelb durcharbeiten und im Mixer nochmals

2–3 Min. pürieren oder wieder durch den Fleischwolf drehen.
Das Eiweiß mit einer Prise Salz so steif schlagen, daß es schnittfest ist.
Die Zwiebelwürfel und die Champignons unter das Fischpüree rühren, das Eiweiß unterheben und gut verrühren, so daß keine »Eiweißinseln« zurückbleiben.
Die Masse zugedeckt im Kühlschrank etwa 15 Min. anziehen lassen.
Den Boden und die Seiten einer leicht ausgebutterten Pastetenform mit einer etwa 1½ cm dicken Schicht der gekühlten Fischmasse bestreichen, eine Lage abgetropfte, marinierte Lachsstreifen hineinlegen, darauf wieder eine Lage Fischpüree füllen. Das abwechselnd wiederholen, bis die Form gefüllt ist. Die obere Schicht muß aus Fischpüree bestehen. Die Form mit einer Alufolie oder einem Deckel verschließen und ins Wasserbad stellen. Im vorgeheizten Ofen (E: 200°, G: 3) 50 Min. garen lassen, bis die Pastete elastisch und zugleich fest ist. Druckprobe machen!
Aus dem Ofen nehmen und abkühlen lassen. Die Pastete mit einem spitzen Messer aus der Terrine lösen, auf eine Platte stürzen und bis zum Servieren kühl stellen.

Der prunkliebende Sonnenkönig Ludwig XIV. von Frankreich (5.9.1638) hat auch als höchst genießerischer Schlemmer Geschichte gemacht. Es grenzt an ein Wunder, daß der König bis ins hohe Alter fit blieb, keine Figurprobleme kannte und sogar noch auf die Jagd ging. Vielleicht deswegen, weil er ein leidenschaftlicher Fischesser war?!

**Steinbutt nach Art des Sonnenkönigs**
(für vier Personen, ein wenig abgewandelt, da wir keine Hofküche wie in Versailles zur Verfügung haben)

*1 junger Steinbutt (ca. 1200 g)*
*Saft einer Zitrone*

*FÜR DEN SUD*
*1 kl. Zwiebel · ½ l Wasser · ½ l Milch*
*Salz · 1 Lorbeerblatt · 6–8 Pfefferkörner*
*1 TL Senfkörner · einige Wacholderbeeren*

*FÜR DIE WEISSWEINSAUCE*
*1 dl Kochfond · 1 dl Weißwein*
*1 gehackte Schalotte · 2 Eigelb · 5 cl Sahne*
*1–2 EL Butter · Salz · Cayennepfeffer*
*einige Tropfen Zitronensaft*

Die Flossen und den Schwanz des Steinbutts kürzen und den Fisch unter fließendem kaltem Wasser kurz waschen, trockentupfen, mit Zitronensaft beträufeln und zugedeckt etwa 15 Min. stehen lassen.

Den Steinbutt mit der dunklen Seite auf den Einsatz in den Fischkessel setzen. Als Ersatz für einen Einsatz im Fischkessel können Sie auch eine große Stoffserviette nehmen. Den Boden eines passenden Topfes damit auslegen und den Fisch darauf plazieren.
Die Zwiebel schälen und in dünne Scheiben schneiden. Mit dem kalten Wasser, Milch und den Gewürzen über den Steinbutt gießen und den Topf verschließen. Zugedeckt langsam zum Kochen bringen, bei milder Hitze etwa 20 Min. garziehen lassen.
Inzwischen die Schalotte für die Sauce feinhacken. Dann 1 dl Fischfond abnehmen, Weißwein, Fischfond und Schalotte aufkochen und unter Rühren etwas einkochen lassen. Mit den mit Sahne verrührten Eigelben binden, mit der Butter, die eingeschwenkt, nicht eingerührt wird, abrunden und die Sauce mit Salz, Cayennepfeffer und einigen Tropfen Zitronensaft vollenden.
Den Steinbutt vorsichtig aus dem Sud heben, mit der weißen Seite nach oben auf einer vorgewärmten Platte anrichten, mit etwas Weißweinsauce übergießen und mit warmen Artischockenböden umlegt servieren.

Ein wahrhaft königlicher Genuß. Verständlich, daß ein so großer König und Feinschmecker dieses Gericht zu seiner Lieblingsspeise erwählte. Als Jungfrau-Geborener sicher nicht nur, weil es gut, ja ausgezeichnet schmeckt, sondern auch wegen seiner hervorragenden gesundheitlichen Werte. Denn 100 g Steinbutt enthalten allein 18 g hochwertiges Protein.

Jean Baptiste Colbert (29.8.1619) diente dem Sonnenkönig Ludwig XIV. nicht nur als Finanz- und Marineminister – er sorgte auch dafür, daß die Fische stets möglichst fangfrisch auf den Tisch der Majestät kamen. Dreißig Dragoner waren von ihm abkommandiert worden, um Ludwigs Lieblingstierchen von der Küste in Galoppstafette zur Hofküche in Versailles zu bringen, wo die Leibköche bereits mit gezückten Messern und dampfenden Kesseln warteten, um sich sofort an die Arbeit zu machen. Denn Tiefkühltruhen kannte man in jener eigentlich daher recht glücklichen Zeit noch nicht! Häufig überwachte Jean Baptiste Colbert höchstpersönlich die Zubereitung der Leib- und Magengerichte seines Gebieters. Und einige seiner Ideen sind in die gastrosophische Geschichte eingegangen. So zum Beispiel ein Gericht, das bis auf den heutigen Tag seinen Namen trägt.

**Seezunge à la Colbert**
(für zwei Genießer)

*1 Seezunge (ca. 400–500 g) · Milch · Mehl*
*1 Ei · Paniermehl*
*Fett zum Ausbacken/Friteuse · 50 g Butter*
*1 TL Zitronensaft · Pfeffer · Salz*
*1 TL geh. Petersilie*

Lassen Sie sich die Seezunge von Ihrem Fischhändler am besten gleich häuten, denn er hat dabei mehr Erfahrung und schafft es besser und schneller als Sie. Die gut abgetrocknete Seezunge auf ein Brett legen, auf der dicken Seite entlang der Gräte

einen Einschnitt machen, die oberen beiden Filets so lösen, daß Sie sie aufklappen können. Die Gräten auf beiden Seiten einbrechen, damit sie später leichter herauszulösen sind.
Den Fisch zuklappen, durch die Milch ziehen, im Mehl wenden, abklopfen, dann im verquirlten Ei und zuletzt im Paniermehl wenden. Etwa 8–10 Min. ruhen lassen, damit die Panade sich setzen kann.
Inzwischen die Butter schaumig aufschlagen, mit Zitronensaft, Pfeffer und Salz würzen und die Petersilie unterrühren, eine Rolle formen und in den Kühlschrank stellen.
Die Seezunge im heißen Öl 8–10 Min. ausbacken, auf Küchenkrepp abtropfen lassen, die Gräte herauslösen, die Butter in Scheiben geschnitten einfüllen und den Fisch auf einer vorgewärmten Platte anrichten.

Es gibt natürlich kein Gesetz in der ganzen Welt, das es verbietet, etwa kaltes Wild mit (und hier sträubt sich die Feder!) Ketchup zu sich zu nehmen. Es sei denn das Gesetz des guten Geschmacks! Daß man jedoch trotzdem seine Rehkeule nicht »trokken« zu verspeisen braucht, dies verdanken die Lukull-Jünger ebenfalls einer Jungfrau:
Prinz August von Cumberland (21. 9. 1845), der dritte Sohn König Georgs II. von England, war gleichzeitig Kurfürst von Hannover, begeisterter Waidmann und ein leidenschaftlicher, stets neue Gaumenkitzeleien erfindender Hobbykoch. Dies geht zwar zwischen den weltbewegenden Ereignissen in den Geschichtsbüchern unter – dies beweist aber nachdrücklich und über jeden Zweifel erhaben bis auf den heutigen Tag die nach ihm benannte

**Sauce Cumberland**
(diese klassische Beilage zu Wild jeglicher Provenienz reicht für etwa sechs Portionen und kann im Kühlschrank aufbewahrt werden)

*2 Schalotten · 1 ungespritzte Orange*
*1 ungespritzte Zitrone · ½ TL scharfer Senf*
*1 Msp. Ingwerpulver*
*300 g Johannisbeergelee · 2 cl Portwein*

Die Schalotten feinhacken. Die Orange und die Zitrone heiß abwaschen, abtrocknen, die Zitronenschale halb ablösen, und zwar so dünn, daß nur die gefärbte Haut abgeschält ist.
Die Schalen in millimeterbreite, lange Streifen schneiden, mit den Schalottenwürfeln im kochenden Wasser 3 Min. blanchieren, abgießen und gut abtropfen lassen.
Den Saft der halben Orange und etwa 1 TL Zitronensaft mit dem Senf und Ingwerpulver verquirlen.

Das Johannisbeergelee durch ein Haarsieb passieren und kräftig mit der Saftmischung verrühren. Portwein, Schalottenwürfel und die Schalenstreifen unterheben und die Sauce zugedeckt mindestens 3 Stunden durchziehen lassen.

Jungfrauen neigen dazu, sehr kritisch mit sich selbst ins Gericht zu gehen. Dies gilt besonders dann, wenn sie sich in Gefahr wähnen, in den Augen ihrer Umwelt ihren »guten Ruf« zu verlieren. Für eine gewöhnliche Jungfrau stellt solches eine Katastrophe dar – für einen jungfräulichen Koch bedeutet es den Weltuntergang!

Die Marquise Marie de Sévigné schrieb ihrer Tochter unzählige Briefe mit Berichten aus dem höfischen Leben ihrer Zeit, die heute zu den klassischen Werken des 17. Jahrhunderts zählen. Und in einer dieser Episteln schildert sie das tragische Schicksal des legendären Küchenmeisters Vatel, den Eugen von Vaerst in seinem Buch »Gastrosophie oder die Lehre von den Freuden der Tafel« den unsterblichen Cato der Küche und der Köche nannte. Vatel war Küchenchef des Prinzen von Condé auf Schloß Chantilly. Eines Tages hatte sich der Sonnenkönig Ludwig XIV. nach vielen Einladungen endlich zum Besuch angesagt. Beim Abendessen registrierte Jungfrau Vatel die erste Panne – doch lassen wir die Augenzeugin Madame de Sévigné berichten:

»Der König kam am Donnerstag abends an; das Abendessen wurde in einem mit Jonquillen ausgeschmückten Zimmer serviert; alles war so, wie man es nur wünschen konnte. – Aber auf einigen Tischen fehlte der Braten, es waren nämlich mehr Leute gekommen, als vorgesehen. Vatel geriet deswegen außer sich und sagte mehrmals: ›Ich bin entehrt, das ist eine Schande, die ich nicht ertragen kann!‹ Er vertraute sich seinem Kollegen Gourville an, den der König mitgebracht hatte nach Chantilly, und bat ihn: ›Mir schwindelt der Kopf, ich habe zwölf Nächte lang nicht mehr geschlafen, helft mir, die nötigen Anweisungen zu geben!‹ Der Gute unterstützte ihn, soviel er konnte, aber Vatel dachte nur an die Braten, die nicht einmal auf der königlichen Tafel, sondern auf Nebentischen gefehlt hatten. Schließlich vertraute sich Gourville dem Prinzen an, dieser begab sich in Vatels Gemach und machte ihm ein Kompliment, er versicherte dem Unglücklichen: ›Alles klappt hervorragend, die Tafel für den König war unvergleichlich.‹ Vatel schränkte das Lob ein: ›Monseigneur, Eure Güte erdrückt mich, ich weiß, daß auf zwei Tischen der Braten fehlte.‹ – ›Aber das tut doch nichts‹, beschwichtigte ihn der Gastgeber. An diesem Abend versagte auch noch das Feuerwerk – es hatte 16 000 Francs gekostet. Vatel stand am anderen Morgen um vier Uhr auf, um alle Vorbereitungen persönlich zu überwachen. Er begegnete einem Einkäufer, der brachte zwei Pakete Seefische. Vatel fragte ihn: ›Ist das alles‹, und er antwortete mit Ja – er konnte nicht wissen, daß der Küchenchef alle Seehäfen aufgefordert hatte, ihm den Ertrag zu liefern. Vatel wartete eine Zeitlang – vergeblich. Schließlich war er überzeugt, daß keine weiteren Fische mehr angeliefert würden. Er war verzweifelt. In dieser Stimmung begegnete er Gourville und sagte ihm, daß er diese Schande nicht überleben würde. Gourville lachte ihn aus. Vatel ging in sein Zimmer, lehnte den Degen waagrecht gegen die Tür und stieß ihn sich durch den

Leib. Erst der dritte Stoß war tödlich. Unterdessen trafen aus allen Seehäfen Fische ein...«
Die Gesellschaft vergaß den Unglücklichen schnell. Erst die Nachwelt flocht dem Küchengenie, das durch eigene Hand starb, Kränze. Dabei hatte sich Vatel bereits zu Lebzeiten die Unsterblichkeit errungen durch die von ihm für den feinschmeckerischen Prinzen Louis von Condé erfundene Crème Chantilly, ein hauchzartes Gebilde, das wir Deutschen einfach Schlagsahne nennen. Aber wie sooft macht ein Koch mit Fingerspitzengefühl und dem gewissen Etwas daraus das Besondere, eben die

**Crème Chantilly**

*2 dl süße Sahne (30% Fett)*
*30 g Puderzucker*
*1–2 Msp. Vanillepulver bzw. einige Tropfen Vanillearoma*

Die Sahne, sie soll so frisch wie möglich sein (achten Sie auf das Verbrauchsdatum auf der Packung), vor dem Schlagen mehrere Stunden gut durchkühlen lassen. In einer breiten Rührschüssel mit dem Schneebesen oder Handmixer schaumig und fest schlagen. Nicht zu stark bzw. zu lange, um ein Verbuttern zu vermeiden.
Den Puderzucker mit dem Vanillepulver (wenn Sie Aroma verwenden, wird es getrennt zugegeben) mischen, durch ein feines Sieb auf die Sahne stäuben und locker unterschlagen.
Diese Schlagsahne muß so zart sein wie die berühmten Spitzen aus Chantilly.

Liebhaber ausgefallener Gaumenkitzeleien werden vielleicht abfällig die Nase rümpfen, wenn nun hier die Rede sein soll vom ... Rostbraten! Aber etwas Ähnliches ist nicht dasselbe! Und wir geben an dieser Stelle einem wahrhaft fürstlichen Exemplar seiner Art die Ehre:

Fürst Nikolaus Joseph Esterházy von Galántha (2.9.1765) besaß mit 21 Schlössern, 50 Marktflekken, 400 Dörfern und unzähligen Gütern den größten Grundbesitz in Ungarn – und einen phänomenalen Appetit, wie Zeitgenossen zu berichten wußten. Außerdem gehörte seine Leidenschaft der Jagd. Seine Herbstjagden, an denen auch einmal der Bundesdeutschen liebste Sissy teilnahm, waren bei den Großen in aller Welt berühmt. Was hier erlegt wurde, bildete anschließend die diversen Höhepunkte des Festmahls, bei dem kein Geringerer als Joseph Haydn die Tafelmusik besorgte. Während der Fürst höchstpersönlich für die Zubereitung des – und hier schließt sich der Kreis – Rostbratens Sorge trug.

Die Erwähnung solcher Hausmannskost nimmt sich zwar eher bescheiden aus angesichts der Tatsache, daß Fürst Esterházy für ein rauschendes Fest mit über hundert Gästen mehr Geld auszugeben pflegte, als dreißig seiner Güter zusammen im Monat einbrachten. Doch Sie werden anders denken, wenn Sie ihn sich einmal persönlich zu Gemüte geführt haben, den

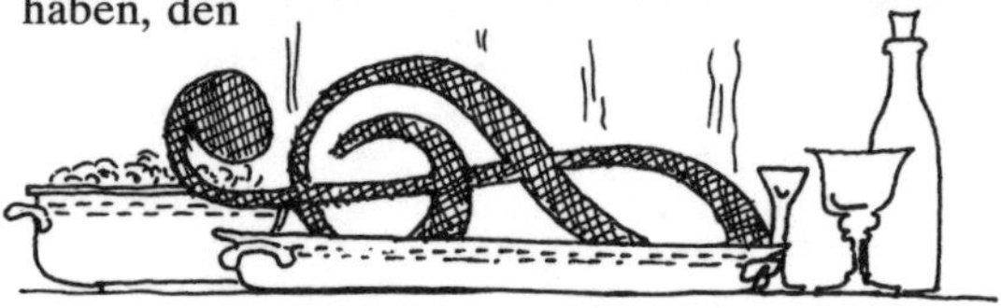

## Rostélyos Esterházy
(Rostbraten à la Esterházy)

*4 Scheiben Hochrippe ohne Knochen à 200 g*
*Pfeffer · Salz · Paprika edelsüß*
*2 EL Schweineschmalz · 1 Msp. Butter*
*1 Petersilienwurzel · 1/4 Sellerieknolle*
*1–2 Karotten · 1 Zwiebel*
*100 g kleine Champignons · 1 TL Mehl*
*3/8 l heiße Bouillon · 1/8 l saure Sahne*
*1/2 Lorbeerblatt · 1 Msp. abgeriebene Zitronenschale · Paprika*

Das Gemüse putzen und alles bis auf die Champignons in feine Streifen schneiden. Die Pilze ganz lassen, große evtl. halbieren oder vierteln.
Das Fleisch mit Küchenkrepp trockentupfen (nicht waschen!), mit dem Handballen leicht klopfen, mit Pfeffer, Salz und Paprika einreiben, im heißen Schmalz, dem die Butter zugegeben wird, auf beiden Seiten etwa 30–45 Sek. anbraten, heraus-

nehmen und in einem passenden Schmortopf nebeneinanderlegen.
Das Gemüse im Fett braten, bis die Zwiebeln goldig werden, mit dem Mehl überstäuben, die heiße Bouillon und die Sahne angießen, Lorbeerblatt und Zitronenschale zugeben, durchrühren und das Fleisch damit übergießen.
Das Fleisch nun fest zugedeckt bei milder Hitze noch 20–25 Min. schmoren. Vorm Servieren nochmals abschmecken. Dazu gab es die National-Beilage

**Tarhonyas szegedi**
(Szegediner Eiergraupen, die übrigens auch ausgezeichnet zu Gulasch schmecken)

*400 g Weizenmehl · 3–4 Eier · 1 TL Salz*
*Mehl für das Backbrett*
*100 g durchw. Speck · 1 Zwiebel*
*1 kl. rote Paprikaschote · Paprika edelsüß*

Das durchgesiebte Mehl mit den Eiern und Salz zu einem festen Teig verkneten.
Den Teig durch ein groblöcheriges Sieb – der Schaumlöffel tut's auch – drücken und die Eiergraupen auf einem mit Mehl bestäubten Brett etwa 10 Min. trocknen lassen. Inzwischen den Speck fein würfeln, ebenso die Zwiebel und den Paprika.
Den Speck goldig ausbraten, die Eiergraupen unter ständigem Rühren zugeben und goldgelb braten. Zwiebel- und Paprikawürfel zugeben, den Topf zudecken und so lange dünsten, bis das Gemüse weich ist. Paprikabestäubt servieren.

Sein nur in Bruchstücken 1802 vollendeter Roman »René« führte den rührseligen Weltschmerz in die französische Literatur ein, weswegen Literaturbeflissene unserer Tage die Unkenntnis über dieses Werk leicht verschmerzen können – in die Geschichte der Gastrosophie aber ging er ein mit einem gebratenen Stückchen Fleisch! Die Rede ist von François René Vicomte de Chateaubriand (4.9.1768):

Er wurde in St-Malo als Sohn eines Grafen geboren, er war der Freund und Geliebte der klugen Madame Julie Récamier, er machte in ihrem berühmten Salon mit den Gegnern Napoleons Geschichte, er war zu seiner Zeit wenigstens ein vielbeachteter Schriftsteller, er gehörte der Académie Française an und war sogar im Jahre 1822 Außenminister seines Landes – aber was man heute noch von ihm kennt und weiß, hat Platz in einer Spalte einer Speisekarte. Dort allerdings unter der Rubrik »Spezialitäten des Hauses«! Chateaubriand und sein Leibkoch Montmireil beratschlagten oft gemeinsam, wie unter Umgehung überflüssiger, gesundheitsschädlicher Kalorien lukullisches Neuland zu entdecken sei. Und solch einer bilateralen Küchenkonferenz zwischen Kochgenie und genialem Gourmet verdanken wir heute das

**Chateaubriand auf ganz persönliche Art**
(für zwei)

*1 doppeltes Rindsfilet (400 g aus der Mitte geschnitten) · 2 cl Armagnac*
*1 kleine Knoblauchzehe · 2 EL Olivenöl*
*1 TL Weinessig · 1 TL Tomatenmark*
*einige Spritzer Tabascosauce*
*1 TL frischer Thymian · einige Spritzer Worcestersauce · Pfeffer · Salz*

Das Filet ist zwar das kostbarste und auch teuerste Stück vom Rind, aber wer gern eine kräftige Portion Fleisch ißt, wird das Geld dafür nicht scheuen. Natürlich muß das Steak lange genug abgehangen sein, mindestens zwei, besser noch drei Wochen. Denn dann hat die durch die Reifung entstehende Milchsäure das Fleisch zart und mürbe gemacht und ihm sein unverwechselbares Aroma verliehen. Wenn Sie das richtige Stück bei Ihrem Schlachter ergattert haben, schneiden Sie daheim die Sehnen- und Hautreste weg und tupfen Sie das Fleisch mit Küchenkrepp gut ab. Nur nicht waschen!
Den Armagnac auf eine Spritze mit dünner Injektionsnadel ziehen (Sie können auch Cognac oder einen guten Whisky nehmen) und das Fleisch damit mehrmals spritzen.
Die Knoblauchzehe schälen, halbieren, mit etwas Salz bestreuen und mit dem Messerblatt zerdrükken, mit Öl, Essig und Tomatenmark verrühren. Die Marinade mit Tabasco, Thymian und Worcestersauce abschmecken. Das Fleisch damit gut einmassieren und 60 Min. ruhen lassen.

Eine schwere, unbeschichtete(!) Pfanne – ideal ist eine Gußeisenpfanne – langsam erhitzen und das Fleisch in die heiße Pfanne legen. Von jeder Seite eine halbe Minute scharf anbraten. Die Hitze reduzieren (bei Elektroherden empfiehlt es sich wegen der Nachwärme, die Temperatur schon vorm Einlegen des Fleisches herunterzustellen) und das Chateaubriand auf jeder Seite noch 1 1/2–3 Min., je nach gewünschtem Gargrad, fertigbraten. Jedoch durchgebraten sollte ein Chateaubriand niemals sein. Durchgebraten wird es zäh und schmeckt nicht mehr. Ideal ist es rosa gebraten.
Das Chateaubriand mit grob zerstoßenem Pfeffer und Salz würzen, auf einer vorgewärmten Platte servieren und bei Tisch schräg in dünne Scheiben schneiden. Dazu gibt's kleine, im Ganzen gebratene Kartoffeln und feines Gemüse, wie Zuckererbsen, Butterbohnen, Spargel, Artischockenböden und so weiter.

Und natürlich darf die Sauce Béarnaise nicht fehlen. Hier das Rezept – keine Angst, mit dieser Sauce wird auch die ernährungsbewußte Jungfrau einverstanden sein, auch wenn sie sie bisher für eine wahre »Fettkalorienbombe« gehalten hat. Denn sie ist radikal entfettet, und ihr Geschmack ist noch viel besser geworden.

**Sauce Béarnaise**

*1 Schalotte (evtl. 1 kleine Zwiebel)*
*3 grob gestoßene schwarze Pfefferkörner*
*1 TL gehackter Estragon · 2 cl Weißweinessig*
*4–5 cl Weißwein · 3 Eier · 2 EL Butter*
*1/8 l kräftige Bouillon · Salz · Muskat*
*weißer Pfeffer · 1 TL Zitronensaft*
*je 1 TL gehackter Kerbel und Estragon*

Die Schalotte fein wiegen, mit dem grob gestoßenen Pfeffer und dem Estragon in eine Kasserolle geben, Weißwein und Essig angießen und so lange einkochen lassen, bis die Flüssigkeit auf etwa 1 EL zusammengekocht ist, durch ein Haarsieb streichen, den Extrakt zur Seite stellen.
Die Eier trennen, das Eiweiß mit einer Prise Salz so steif schlagen, daß es schnittfest ist. Das Eigelb, am besten im warmen Wasserbad, schaumig rühren. Das Eiweiß gründlich darunterziehen, so daß keine »Eiweißinseln« zurückbleiben.
Die Butter in einer Schüssel im warmen Wasserbad zerlassen, die Eimasse mit dem Schneebesen unterrühren, den durchgesiebten Béarnaise-Extrakt und die Bouillon nach und nach angießen. Die Sauce so lange schlagen, bis sie schaumig-sämig ist. Mit Salz, einer Prise Muskat, weißem Pfeffer und den feingehackten Kräutern abschmecken und servieren.

Ob Sie es nun glauben oder nicht: Diese Sauce Béarnaise hat nur 130 Kalorien und ist sehr reich an Eiweiß. Die altbekannte Zubereitung, bei der das ernährungsbewußte Gewissen den Jungfrauen klopft, hätte es dagegen auf ca. 500 Kalorien, und die fast ausschließlich aus Fett, gebracht.

Die Reihe der gaumenfreudigen Jungfrauen mit illustren Namen wäre beliebig fortzusetzen vom frivol-lüsternen Kirchenfürsten Cesare Borgia (* 1474), der die Feste und die Frauen zu feiern pflegte, wie sie fielen, über den russischen Grafen und Dichter Leo Nikolajewitsch Tolstoi (9.9.1828) bis zur göttlichen Greta Gustafsson, besser bekannt unter ihrem Künstlernamen Greta Garbo (18.9.1905), die auch göttlich zu speisen liebt. Stellvertretend soll für sie alle hier zum Schluß ein Mann zu Wort kommen, der – typisch für die typische Jungfrau! – den Genuß verteidigt, solange er sich im Rahmen jener Normen und Regeln bewegt, welche die menschliche Gesellschaft sich selbst gesetzt hat:
König Ludwig I. von Bayern (25.8.1786) machte München zur Stadt der Künste und 1826 zum Sitz der Landesuniversität. Seine Beziehungen zur Tänzerin Lola Montez lösten die Märzrevolution des Jahres 1848 aus und zwangen ihn zum Rücktritt. Aus jenen Tagen ist ein Vers mit Fußnote aus seiner Feder überliefert:

> Was die Horen, die flüchtigen, bringen,
> genieße*, denn flüchtig
> ist die Gabe wie sie, schwebet in Eile vorbei!

* Nur vom Erlaubten ist die Rede, sowohl in diesem als auch in anderen Gedichten.

# Das kulinarische Jahr

Im »Katharatnakara«, einem der ältesten Schriftdokumente Altindiens, heißt es: »Die kalte Jahreszeit ist reich an beglückenden Dingen, als da sind: Daunendecken, Öl, Betel, die leuchtende Schönheit der Frauen, warme Speise, Glut und Wärme des Feuers. Die Segnungen des Sommers aber sind: die Lieder des Kuckucks, das Duften der Blumen, der Mangobaum, schwer mit Früchten beladen, und liebliche Freuden der Liebe.«
Die alten Inder, deren Liebestempel von Khajuraho durch eine überwuchernde Fülle von Darstellungen zärtlich verschlungener Paare weltberühmt wurde, hielten es nun einmal zu jeder Jahreszeit mit der Fleischeslust. Der leibliche Genuß des Feinschmeckers aber resultiert aus anderen Freuden, die das Jahr in von Monat zu Monat ständig wechselnder Hülle und Fülle anbietet.
Hier wird die Wahl schier zur Qual! Und vielleicht sollte man sich besinnen auf das, was zur Zeit des Rokoko der französische Gastrosoph und Hobbykoch Alexandre Balthazar Grimod III. de la Reynière in seinem berühmten sechsbändigen Werk »Almanac des Gourmets« (Almanach der Feinschmecker) warnend vermerkte:
»Tun wir der Natur keinerlei Zwang an und begnügen wir uns mit dem, was sie in jeder Jahreszeit hervorbringt, so wird unsere Gesundheit sich sehr wohl dabei befinden und unser Geschmack ebenfalls, denn die Verdauungsbeschwerden sind die natürliche Folge der Unmäßigkeit und jenes eigentümlichen Übermuts, der uns anstachelt, der Ordnung der Jahreszeit zum Trotz zu leben.«

## Januar

Der erste Tag vergeht zumeist mit einem Kater von der durchfeierten Silvesternacht. Und die ersten Tage mit einem schwerwiegenden schlechten Gewissen, wenn wir auf die unbestechliche Skala der Waage schauen. Doch spätestens nach einer Woche ist alles vorbei. Die frostige Luft macht hungrig, die klirrende Kälte läßt uns näher zusammenrücken – ein Monat geselliger Tafelfreuden rund um das prasselnde Kaminfeuer. Jetzt gelüstet es uns wieder nach Herzhaftem. Würzig ist der Hasenpfeffer, das Wildbret – Reh, Hirsch, Keiler, Bache und Frischling – ist mürbe und der Hasenrücken von zartestem Fleisch. Dazu mundet der wohltemperierte Rotwein. Und vom Frost gebeizter Grünkohl, knackig und kernig, kommt auf den Markt.
Aber auch Spinat, Blumenkohl, Sellerie, Möhren, Zwiebeln, Rüben und Winterlauch liefert dieser Monat noch an den Herd. Deftiger Eintopf, dampfende Suppen, dicke Bohnen mit Speck haben Hochsaison. Auch Austern und Hummer sind nicht zu verachten, und der Salm zergeht schier auf der Zunge.

## Grünkohl auf norddeutsche Art

*1500 g Grünkohl · Salzwasser*
*50 g Schweineschmalz · 3 große Zwiebeln*
*Zucker · Salz · weißer Pfeffer · Nelkenpulver*
*250 g durchw. Speck · 250 g Kasseler*
*2 EL Haferflocken · 4 Pinkelwürste*
*(Mettwürste, Rauchenden o. ä.)*

Den Grünkohl gründlich waschen, abtropfen lassen und von den Strünken streifen. Grob hacken.
In kochendem Salzwasser ca. 10 Min. überbrühen, bis er zusammenfällt, abgießen und abtropfen lassen. Inzwischen die geschälten Zwiebeln fein hakken und im Schmalz glasig dünsten, den Grünkohl zugeben, mit 1/8 l Wasser aufgießen, mit Salz, Zukker, Pfeffer und Nelkenpulver würzen.
Den durchwachsenen Speck und das Kasseler im Stück darauflegen. Zugedeckt 100 Min. gar dünsten.
Nach 100 Min. die Haferflocken darüberstreuen und die Würste auf den Kohl legen. Noch 10 Min. zugedeckt garen lassen.
Das Fleisch, den Speck und die Würste herunternehmen. Den Kohl in einer Schüssel anrichten. Die Würste, den in Scheiben geschnittenen Speck und das ebenso in Scheiben geschnittene Fleisch darauf anrichten und servieren.

Dazu ein kühles Bier und einen oder auch zwei eiskalte Klare hinterher. Welch ein Genuß!

## Februar

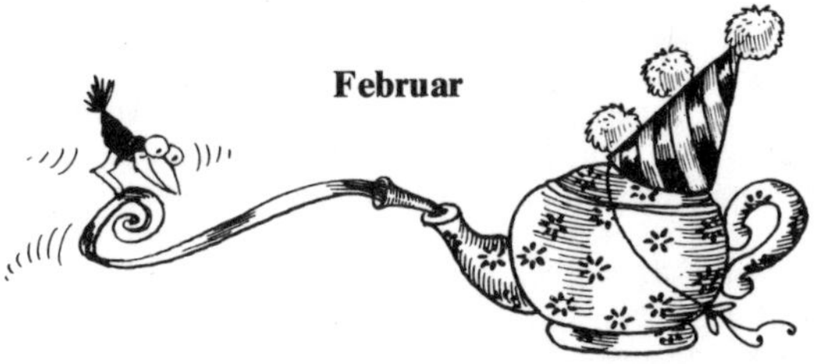

Schon stecken mancherorts die ersten Krokusse und Schneeglöckchen die Köpfe vorwitzig in die rauhe Februarluft, aber die Sonnenhungrigen müssen sich noch gedulden. Denn eine alte Bauernregel warnt: Ist der Februar sehr warm, friert man zu Ostern bis in den Darm. Und wer tut das schon gern? Mucken wir also nicht auf gegen die Natur! Noch ist Winter-Schneezeit. Doch Schneezeit heißt auch Narrenzeit! Also tanzen wir uns warm in den tollen Tagen – und Nächten. Danach schenkt uns das Grün der Kresse die ersten Vitamine – zum Beispiel in diesem pikanten Salat:

### Vitaminbombe
(für zwei)

*½ Zwiebel · 4 EL saure Sahne*
*2 EL Keimöl · Zitronensaft*
*Salz · weißer Pfeffer*
*1 TL geh. Dill · 1 TL geh. Petersilie*
*2 Kästchen Kresse · 1 hartgekochtes Ei*

Die Zwiebel fein würfeln, in einem Rührbecher mit der Sahne, dem Öl, Zitronensaft, den Kräutern und Gewürzen eine pikante Dressing rühren.
Das Ei schälen und feinhacken. Die Kresse abschneiden, kurz kalt abbrausen, trockenschleudern (in einem Küchentuch) und auf zwei Salatschalen verteilen. Mit der Sauce übergossen und dem Ei bestreut auftischen.
Neben vielen Vitaminen enthält dieser Salat wichtige Mineralstoffe, die Stoffwechsel, Magensaftfunktion und die Bildung der roten Blutkörperchen anregen. Also genau das richtige für den Küchenzettel im Februar.

Aber es geht auch uriger zu, denn jetzt geht's dem Borstenvieh an den Kragen.
Jetzt ist Schlachtzeit! Bratwürste, Blut- und Leberwürste, Schweinsbraten, Schlachtschüssel mit warmem Sauerkraut (Speckwürfelchen und Kümmel nicht vergessen!), Schweinshaxen in allen Größen, mit Pimpernuß gefüllte Schweinsfüße – der Januar könnte vor seinem jüngeren Bruder glatt verblassen vor Neid, was die deftigen, herzhaften Gaumengenüsse anbelangt. Auch rassig-scharfes Gulasch ist jetzt so recht nach unserem Geschmack. Und eine Sünde wäre es, Puter und Hähnchen nicht zu erwähnen.
Nach einem frugalen Dessert oder einem Stück köstlichen warmen Zwiebelkuchens, der auch in der kalten Jahreszeit vortrefflich schmeckt, bilden Bowlen und Punsch den »geistigen« Abschluß der Mahlzeiten.

## März

Weidenkätzchen und erster Flieder, Märzenbecher und Schlüsselblumen – die Natur schwelgt in Vorfreude, und wir erwarten ungeduldig das erste wirklich frische Gemüse. Doch noch müssen wir uns bescheiden mit Radieschen und Salaten. Dafür aber gibt's Schnecken und Froschschenkel, Muscheln und Seefische, die jetzt den Markt überschwemmen:
Frischer Hering (bald wird es »Heringsfisch als Heringsersatz« sein!) und Seehecht, Meerforellen und Stockfisch, Stör und Kabeljau, Steinbutt und Seezunge, Lachs und Scholle – ein Tor des Monats, der jetzt nicht die Schätze des Meeres auf der Tafel ausbreitet. Denn schließlich ist auch im astrologischen Sinne der März der Monat der Fische!
Da muß die ernährungsbewußte Jungfrau nicht darben. Sie kann ihre Netze auswerfen. Und die Seezunge, die sich darin verfängt, wird gleich so zubereitet:

**Seezungenröllchen**
(für vier Personen)

*12 schöne Seezungenfilets*
*weißer Pfeffer · Salz · Cayennepfeffer*
*3 Karotten · 2 kl. Stangen Lauch*
*1/4 Sellerieknolle · 8 EL süße Sahne*
*4 cl trockener Vermouth*

Das Gemüse putzen und in feine Julienne-Streifen schneiden. Inzwischen Wasser aufkochen, salzen und das Gemüse 3–5 Min. knackig blanchieren, abgießen, kalt abschrecken und abtropfen lassen.
Die Seezungenfilets mit einem Hauch Cayennepfeffer würzen, mit der glänzenden Seite nach innen aufrollen, mit einem Zahnstocher feststecken und nebeneinander in eine Kasserolle setzen. Salzen, mit zwei Umdrehungen aus der Pfeffermühle würzen und mit der Sahne übergießen. Aufkochen und knapp 4 Min. garen lassen, dabei einmal vorsichtig umdrehen, herausnehmen und warm stellen.
Das Gemüse in die Sauce geben, den Vermouth angießen und die Flüssigkeit auf starker Hitze etwas einkochen lassen. Dabei öfter durchrühren. Die Fischröllchen auf heißen Tellern anrichten, die Zahnstocher entfernen und das Gemüse auf dem Fisch anrichten. Mit der nochmals abgeschmeckten Sauce übergießen.

Für die nährwertbewußte Jungfrau:
Eine Portion hat 1070 Joule (254 Kal.) und enthält 29 g Eiweiß, 9 g Fett und 7 g Kohlehydrate.

Eine kulinarische Überraschung, die also nicht nur schmeckt.
Und danach darf Ihnen der Sinn ruhig wieder nach Schweinspfeffer, Dampfnudeln und Specklinsen mit einem Schuß Weinessig stehen, falls es Sie nach Thunfisch (vom Grill!), Austern und Karpfen (gefüllt!) nicht sonderlich gelüstet. Und mit den Zutaten, mit denen uns sonnengesegnetere Länder beliefern, läßt sich ohne schlechtes Gewissen ein zartes Gemüsesüppchen komponieren – wenn man nicht länger warten will, bis der heimische Bauer seine Produkte zum Markt bringt.

## April

»Der April macht, was er will« – sagt der Volksmund. Und manchmal spielt er wirklich verrückt – der Ostermonat. Ostereier malen, verstecken, suchen und sich aufs Osterlamm freuen, für das es so viele Rezepte gibt, daß man ein eigenes Büchlein füllen könnte. Ein besonders köstliches haben wir in Frankreich (wo sonst?) entdeckt. Hier ist es:

### Lammkeule mit Roquefortkruste
(davon werden sechs Esser satt)

*1 Lammkeule (ca. 1500 g) · 2 Knoblauchzehen*
*Pfeffer · Salz · Liebstöckl*
*1000 g frische Champignons*
*3–4 EL Butter · 2–3 Zwiebeln*
*½ l süße Sahne · ca. 150 g butterzarter*
*Roquefort · 4 cl Portwein*
*1 TL Speisestärke · ½ Kästchen Kresse*

Den Ofen vorheizen (E: 250°, G: 5). Die Lammkeule sauber häuten und mit den gestiftelten Knob-

lauchzehen spicken, mit Pfeffer, Salz und Liebstöckl einreiben, in die Bratenpfanne des Backofens oder einen Bräter legen und in den vorgeheizten Ofen schieben, die Temperatur herunterstellen (E: 200°, G: 3) und etwa 40 Min. braten.
Inzwischen die Champignons putzen, waschen und abtropfen lassen.
Die Zwiebeln schälen, fein würfeln, in der Butter glasig dünsten und die Champignons dazugeben, würzen und so lange schmoren lassen, bis die Flüssigkeit verdunstet ist. Dabei des öfteren durchrühren.
Währenddessen den Käse mit einer Gabel zerdrükken, mit einem Teelöffel Sahne und dem Portwein zu einer glatten Paste vermengen.
Nach etwa 30 Min. Bratzeit die Lammkeule mit der Käsepaste bestreichen, die Champignons mit in den Bräter geben, die Hälfte der Sahne zugießen. Nach etwa 5 Min. die Keule mit dem restlichen Käse bestreichen, die mit der Speisestärke verrührte Sahne angießen, unterrühren und die Keule fertiggaren lassen. Dabei den Ofen schon ausschalten.
Die Keule noch 10 Min. nach Ende der Bratzeit ruhen lassen, auf einer heißen Platte anrichten, die Pilze in der Sauce darum anrichten und mit Kresse bestreuen.

Wer nach frischem Gemüse lechzt, muß allerdings noch mit einem bescheidenen Angebot vorliebnehmen. Und die Zeit bis zum ersten Spargel, der sich gegen Ende April zeigen wird, verkürzt man am besten mit würzigem Eierlikör aus der eigenen »Brennerei«. Dabei wird einem das Warten nicht zu lange!

## Mai

Die Bäume schlagen aus – und der erste frische Knoblauch, zu Zöpfen geflochten, kommt vom Balkan und aus dem südlichen Italien. Und damit ist endlich die Gelegenheit gekommen, auch den hartnäckigsten Vampiren des Winters den Garaus zu machen. Zum Beispiel mit einer unheimlich pikanten

### Ali-oli

*8 junge Knoblauchzehen · 2 Eigelb*
*1 Pr. Salz · 1/4 l kaltgeschlagenes Olivenöl*
*Saft von 1/2 Zitrone*
*3–4 geschälte Walnüsse*

Die jungen Knoblauchzehen schälen (ältere vorher längs halbieren und den grünen Trieb entfernen), im Mörser zu einer Paste zerstampfen oder mit der Presse zerdrücken. Wer weder Mörser noch Presse hat, schneidet die Zehen einige Male längs ein, bestreut sie mit Salz und zerquetscht sie dann mit dem

Messerblatt. Das Knoblauchmus mit dem Eigelb und Salz zu einer glatten Creme verrühren. Das Öl tropfenweise unterziehen, bis die Sauce einer dikken Mayonnaise gleicht. Den Zitronensaft unterrühren. Die Nüsse fein zermahlen und schnell unter die Sauce rühren. Kühl stellen.
Als Beilagen passen dazu: gegrillte Rinderfilets, Kalbsmedaillons, Roastbeef, Kasseler, gekochter Fisch (auch kalt) und Gemüse wie rote Paprika, knackig gekochte Bohnen, Radieschen, Chicorée, Tomaten, Bleichsellerie und auch hartgekochte Eier.
Vielleicht laden Sie ein paar nette Leute zum Alioli-Fondue ein. Rund um die Sauce wird das Gemüse sortenweise angerichtet. Das Fleisch wird dann, vielleicht schon draußen, gegrillt, und jeder nimmt, nach was ihm der Sinn steht. Selbstverständlich immer mit einem Klacks Ali-oli. Und zum Nachspülen steht ein kühler Rosé bereit.

Aber auch für die Knoblauchfeinde bietet der Mai so einiges. Zum Beispiel: die Makrele, die Alexander Balthazar Grimod III. de la Reynière als »einen der schönsten Reize des Frühlings« lobte.
Doch der Mai ist nicht nur der Wonnemonat der Verliebten und Fischliebhaber, die jetzt auch mit dem Aal liebäugeln können, mit den Blaufelchen und mit den frischen Krebsen. Er bringt uns auch – endlich! – den Spargel! Und natürlich Erdbeeren und schmackhaft-zarte junge Erbsen, die wie ein süßer Hauch auf der Zunge zergehen.

# Juni

Der Juni bringt Hülle und Fülle, Heuduft und Margeriten, Kirschen und Johannisbeeren, Heidelbeeren und natürlich immer noch Spargel. Bis zum Johannistag dauert die kurze Saison des langen Genusses. Und wer könnte diesem Rezept schon widerstehen (auch wenn Puritaner nichts anderes als Stangenspargel mit Butter gelten lassen)?

**Spargelschaum mit Artischockensauce**
(für vier Personen als Vorspeise)

*1000 g Spargel · Salzwasser · 1 Pr. Zucker*
*1 Msp. Butter · 2 Eier · 1 Eiweiß*
*Salz · weißer Pfeffer · 1 Pr. Muskat*
*Butter für die Auflaufformen*

SAUCE
*4–6 Artischockenböden · 1 EL Sahne*
*1 dl Geflügelbrühe*

GARNITUR
*2 Tomaten · 1 TL geh. Petersilie*

Den Spargel vom Kopf zum Fuß hin dicker werdend schälen, alle holzigen Fasern entfernen, die Enden um etwa 1 cm stutzen, waschen, die Köpfe von den Stangen abschneiden und zur Seite stellen.
Die Stangen im kochenden Salzwasser mit der Prise Zucker und der Butter zwischen 12 und 15 Min. je nach Dicke garen, herausnehmen und abtropfen lassen. Die Spargelstangen im Mixer oder der Moulinette fein pürieren, durch ein Sieb streichen und in einer Kasserolle auf milder Hitze unter Rühren etwa um ein Drittel einkochen.
Vom Herd nehmen, etwas auskühlen lassen und dann die mit dem Eiweiß verquirlten Eigelb kräftig unterarbeiten. Mit Pfeffer, Salz und Muskat abschmecken.
Vier kleine Auflaufformen (ca. 9 cm Durchmesser) ausfetten, die Spargelmasse einfüllen, glattstreichen und mit gebutterter Alufolie verschließen. Im Wasserbad im vorgeheizten Ofen (E: 200°, G: 3) etwa 50–60 Min. garen. Den Gargrad mit einem Holzspießchen prüfen. Inzwischen die Sauce herstellen. Die Artischockenböden mit der Sahne fein pürieren, die warme Geflügelbrühe angießen und die Sauce im Mixer emulgieren lassen, d. h. alle Zutaten werden zu einer cremigen Sauce vermischt. Evtl. noch einen Eßlöffel Sahne zugeben und die Sauce im Wasserbad warm halten.
Die Tomaten mit kochendem Wasser abbrühen, häuten, vierteln und den harten Stielansatz sowie die Kerne entfernen. Das Fleisch fein würfeln und mit der Petersilie vermischen.
Die Spargelspitzen in ein Sieb legen und 2–3 Min. im wieder kochenden Spargelwasser garen, abtropfen lassen.

Den fertigen Spargelschaum aus dem Ofen nehmen, Alufolie entfernen, die Ränder mit einem spitzen Messer lösen und auf warme Teller stürzen. Mit der Sauce umgießen, die Spargelspitzen strahlenförmig und die Tomatenwürfel als Ring um den Schaum anrichten.

Dem mehr das Rustikale, Kernige liebenden Gaumen bietet der Juni nahrhaftes Kalb- und würziges Hammelfleisch an, denn jetzt weiden die Tiere in der freien Natur. Und dorthin zieht es uns auch zum Grillen, und an lauen Abenden ziehen die Düfte schmackhafter Brutzeleien durch die Gärten.
Auch die Zeit der jungen Hähnchen ist gekommen, der Masthühner, der jungen Puter und der zarten Entchen. Und auch der Matjeshering darf nicht vergessen werden. Und natürlich auch nicht die unzähligen frischen Kräuter, der Blumenkohl, der Lattich, der knackige Rettich für die Biergärten, die Erbsen, die Bohnen und die Gurken, die nur darauf warten, zu schmackhaften Gemüsekompositionen und leckeren Salaten angerichtet zu werden, bei denen das Herz höher schlägt.

## Juli

Der Juli auf dem Wochenmarkt – ein Fest der Farben und Düfte. Jetzt bietet die Natur alles in reichem Überfluß, denn – das sagt schon eine alte Bauernregel – die Julisonne arbeitet für zwei. Uns kann es ja nur recht sein, wenn die Marktstände schier zusammenbrechen unter dem, was aus Gemüse- und Obstgärten deutscher Lande frisch auf den Markt kommt. Jetzt ist es die Zeit der Salate in unendlichen Variationen. Bei den Dressings und Kompositionen sind der Phantasie keine Grenzen gesetzt. Die Wahl wird zur Qual: Auch wenn Alexander Balthazar Grimod III. de la Reynière abschätzig behauptet, der wirkliche Feinschmecker betrachte Gemüse und Obst allenfalls »als Mittel zum Zähnereinigen und Mundspülen« und der böse Volksmund sie als »Kaninchenfutter« deklariert, die Jungfrau ist in ihrem Element.
Und dann gibt es ja auch die Kompotte, Salate und Desserts aus Himbeeren und Pfirsichen, Frühzwetschgen und Mirabellen, Klaräpfeln und Sommerbirnen. Wer sich einige Strahlen der Julisonne aufbewahren will, macht sie ein – als

## Erdbeer-Aprikosen-Marmelade

*250 g Erdbeeren · 250 g reife Aprikosen*
*1–2 EL Zitronensaft · 500 g Gelierzucker*

Die Erdbeeren entstielen und waschen. Die Aprikosen häuten und entsteinen.
100 g Erdbeeren und 175 g Aprikosen im Mixer pürieren, die restlichen Aprikosen in Spalten schneiden und die Erdbeeren halbieren.
Das Fruchtpüree mit Zitronensaft und Gelierzucker unter Rühren auf- und 4 Min. sprudelnd kochen, die Früchte unterrühren und die Marmelade heiß in Gläser füllen, verschließen und auskühlen lassen.

# August

Ein Bauernkalender aus Süddeutschland verheißt: »Der August bringt den Gust.« Gemeint ist der Gusto (Geschmack), den zum Beispiel die Pilze, die allerorten aus dem Wald- und Wiesenboden schießen, uns bringen und den wir mit raffinierten Rezepten auf dem Gaumen kitzeln lassen können. Vorsicht allerdings sollten wir walten lassen, dann werden sie uns nicht den Appetit verderben, wie Karl VI. von Frankreich und Papst Clemens VIII., die an Pilzvergiftungen starben – und dem römischen Kaiser Tiberius Claudius Nero Germanicus, der im Jahre des Unheils 54 nach Christus von seiner vierten Gemahlin Agrippina mit Pilzen ins Jenseits befördert wurde. Leichtsinn, Leichtgläubigkeit und Meucheleien sind nicht unser Thema. Wir schlagen Pilze als Gaumenfreude vor für alle, die nun in den siebenten Himmel der Feinschmeckerei gelangen wollen, zum Beispiel mit einem würzigen

**Pilzgulasch**
(es ist dazu noch so schlank, daß eine joulebewußte Jungfrau ruhig nachschlagen kann. Deshalb: für 2–4 Personen)

*200 g Schweinefleisch (Filet, Nuß)*
*200 g Rindfleisch (Falsches Filet, Unterschale) · 2 EL Olivenöl*
*1 dl Weißwein · 200 g Frühlingszwiebeln*
*Pfeffer · Salz*
*1000 g gemischte Pilze (z. B. Maronen, Sandröhrling, Boviste, Sommersteinpilze, Ziegenlippe etc., je nach Angebot)*
*1/8 l süße Sahne*

Das Fleisch von Fett, Hautresten und Sehnen säubern und in gleichgroße Würfel schneiden (nehmen Sie als Maß das aufgelegte Messerblatt).
Das Öl im Schmortopf erhitzen, das Fleisch darin rundum anbraten und den Wein angießen. Zugedeckt schmoren lassen. Die Zwiebeln putzen, waschen und mit dem Grün in feine Scheiben schneiden (2–3 EL Grün zurücklegen). Die Zwiebeln und das Grün in den Topf geben und insgesamt 25 Min. garen lassen. In der Zwischenzeit die Pilze putzen, gründlich waschen, abtropfen lassen und in Stücke teilen. Mit in den Topf geben, pfeffern, salzen und noch weitere 20–25 Min. garen.
Die Sahne unterrühren, aufkochen, abschmecken und direkt im Topf auftragen.

# September

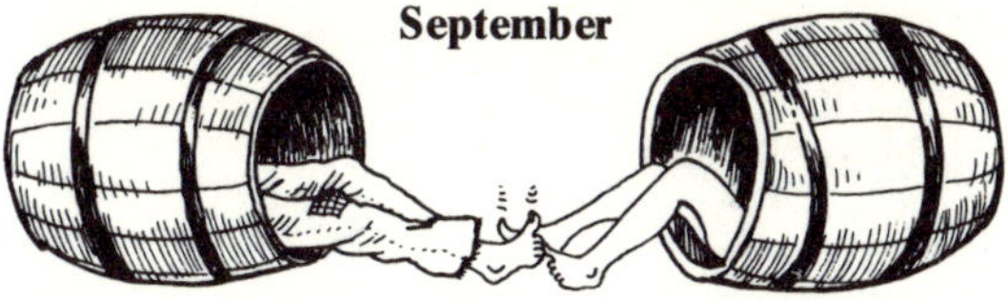

Die Wälder lodern jetzt in allen herbstlichen Farben – und schon wird es merklich kühler. Aber neuer Wein, böckselnd und reißend, ungestüm gärend, entschädigt uns dafür, daß der Sommer sich verabschiedet. Und dazu darf natürlich der frische, heiße Zwiebelkuchen nicht fehlen.
Auch sonst macht dieser Monat allen Freunden in Lukull neben dem Wein noch reiche Geschenke – die Wildente zum Beispiel. Wer sie einmal genossen, der hat gerne einen Vogel! Probieren Sie es mal aus. Hier ist Ihr Rezept:

## Wildente à l'orange

(eine Delikatesse für zwei)

*1 Wildente (vorzugsweise Krickente)*
*Pfeffer · Salz*
*1 TL abgeriebene Orangenschale*
*1 EL Butter · 1 TL Portwein*
*2 Scheiben Bardierspeck · 2–3 EL Butter*
*4 Navel-Orangen (ungespritzt)*

Eine junge frische Ente bratfertig vorbereitet beim Wildhändler kaufen. Wichtig ist, daß die Ente wirklich frisch ist, da sie sonst tranig schmecken kann und nur noch ohne Haut zubereitet werden sollte. (Tip: Wenn Sie Zweifel an der Frische haben, schneiden Sie ein Stück Haut neben dem Bürzel ab und braten Sie es in der Pfanne. Riecht es tranig, die Ente auf jeden Fall ohne Haut braten.)
Die Ente nicht waschen, sondern nur trockenreiben, innen und außen leicht salzen und pfeffern. Aus der Orangenschale, Butter und Portwein eine Paste rühren und die Ente damit innen gut einreiben.
Die Ente in den Bardierspeck wickeln, in einem Bräter mit der erhitzten Butter übergießen, rundum anbraten und den Saft von zwei Orangen angießen. Zugedeckt in den heißen Ofen (E: 225°, G: 4) stellen und 35–40 Min. garen lassen.
Inzwischen von einer Orange dünne Juliennestreifen schneiden, die beiden übrigen Orangen wie Äpfel schälen und die weiße Haut ganz entfernen. Die Früchte in Scheiben schneiden.

Die gegarte Ente aus dem Ofen nehmen, die Juliennestreifen und Orangenscheiben im Fond erwärmen.
Inzwischen die Ente aus dem Speck wickeln, auf einer warmen Platte anrichten, mit den Orangenscheiben umlegen und mit der Sauce und den Schalenstreifen übergießen.

Dies soll aber nicht heißen, daß Kastanien und Nüsse, Quitten und Birnen, zarter Rahmkäse und saftige Trauben im September weniger der Erwähnung wert wären. Natürlich ist jetzt auch die Herbstartischocke mit ihrem sonnenverbrannten Aussehen von höchster Köstlichkeit.
Und nicht zu vergessen die tolle Knolle – die Kartoffel oder besser die Kartoffeln. Denn auf die Sorte kommt es schon an, wenn das Rezept gelingen soll.

**Herbstrollen**

(die deutsche Variation der Frühlingsrollen aus dem fernen China. Die Menge ergibt ca. zwölf Stück)

*400 g mehligkochende Kartoffeln am Vortag in der Schale kochen*
*200 g Mehl · 1–2 Eier*
*50 g geriebener Emmentaler*
*Salz · Muskat*
*200 g gek. Schinken · 1 Stange Lauch*
*200 g Doppelrahm-Frischkäse*
*2 EL Sahne · Pfeffer*
*2–3 EL Butter · Paniermehl*

Die Kartoffeln pellen, zerstampfen, mit dem darübergesiebten Mehl, den Eiern und dem Käse einen glatten Teig kneten. Mit Salz und einer guten Prise Muskat würzen und den Teig auf einer mit Mehl bestäubten Platte etwa 1/2 cm dick auf die Größe von etwa 40 × 45 cm ausrollen, zwölf Rechtecke (ca. 10 × 15 cm) ausschneiden.
Den Schinken in feine Streifen schneiden. Den Lauch putzen, waschen und den weißen sowie gelben Teil ebenfalls feinstreifig schneiden.
Den Frischkäse mit der Sahne verrühren, Schinken- und Lauchstreifen unterheben, pfeffern und die Mischung eßlöffelweise auf die Teigplatten verteilen.
Die Teigplatten wie Rouladen aufrollen, die Seiten zusammendrücken und die Rollen mit der weichen Butter bestreichen, im Paniermehl wälzen.
Mit der Naht nach unten auf ein Backblech legen und im heißen Ofen (E: 225°, G: 4) 20–25 Min. goldbraun und knusprig backen. Mit Remouladensauce servieren.

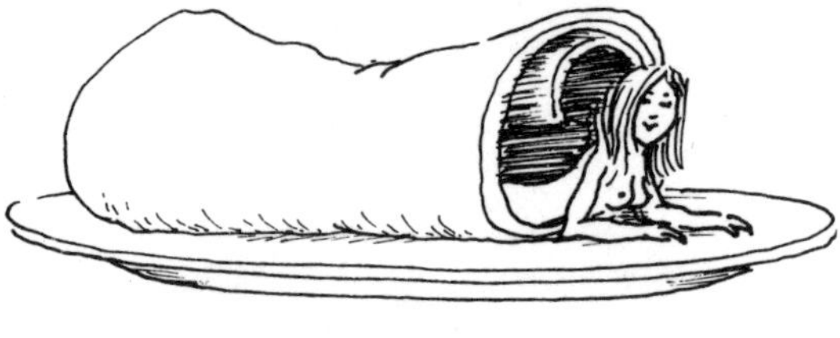

## Oktober

Ein alter Kalender rät den »Mägdelein, die noch nicht gefreit sein«, jetzt einen reifen Apfel zu schälen und sich selbst mit diesem in der Hand »wie der Herrgott sie geschaffen, bei gelöschet Licht« vor den Spiegel zu stellen. Die Schale sei dann über die Schulter zu werfen, und »sie zeiget den Buchstaben, mit dem des Freiers Nam beginnet«.
Doch nicht nur zu kultischen Handlungen ist das Obst des Monats gut, besser noch eignet es sich für kulinarische.
Der Herbst-Prinz, Boskop, Cox' Orange, Jonathan – sie sind köstlich zuzubereiten in schier unendlichen Variationen, die ganze Bücher füllen würden. Eine davon ist der berühmte

## Apfelstrudel

(als Dessert oder zum Kaffee
für zehn Personen)

*125 g Mehl · 1 Ei · 1 Pr. Salz · 25 g Butter*
*ca. 1/16 l lauwarmes Wasser*
*1000 g Äpfel (Boskop) · 4 cl Calvados*
*1 EL Butter · 1–2 EL Paniermehl*
*2–3 EL Zucker · 50 g Zucker · Zimt*
*Ingwerpulver · ½ ungespritzte Zitronenschale*
*50 g Mandelblätter · 25 g Rosinen*
*Fett für das Backblech · 1 Eigelb · 2 TL Milch*
*Butter zum Bestreichen · Puderzucker*

In einem mittelgroßen Topf Wasser aufkochen. Das in eine Schüssel gesiebte Mehl mit dem Ei, Salz und der weichen Butter verkneten. Nach und nach das Wasser angießen und unterkneten, bis der Teig fest und glatt ist.
Das kochende Wasser abgießen, den Topf abtrocknen und über den Teigkloß stülpen. Etwa 30 bis 40 Min. ruhen lassen.
Inzwischen die Äpfel schälen, vierteln, die Kernhäuser herausschneiden und das Fruchtfleisch in Scheiben oder kleine Würfel schneiden, mit dem Calvados beträufelt zur Seite stellen.
Die Butter in einer Kasserolle schaumig werden lassen, das Paniermehl darin anbräunen, den Zukker unterrühren und vom Herd nehmen.
Den Strudelteig auf einem mit Mehl bestäubten Geschirrtuch so dünn ausrollen und ausziehen, daß das Tuchmuster klar erkennbar wird. Den Teig mit der Paniermehlmasse bestreichen, dabei 2–3 cm

Rand frei lassen. Die Äpfel darauf verteilen, mit Zimt und Ingwer bestreuen, die Zitronenschale darüberreiben und mit Mandelblättern und Rosinen bestreuen.
Den Teig an den Querseiten über die Füllung klappen und von einer Längsseite aufrollen. Dabei einfach das Tuch anheben.
Den Strudel mit der Nahtstelle nach unten auf ein gefettetes Backblech legen. Das Eigelb mit der Milch verquirlen, den Strudel damit einpinseln und in den vorgeheizten Ofen (E: 200°, G: 3) schieben. Etwa 50 Min. backen und dabei öfter mit der cremigen Butter bestreichen. Den heißen Strudel mit Puderzucker bestäuben und noch warm servieren.

Wenn der Apfel das verführerischste Obst des Monats ist, ist der verführerischste Vogel der bunte Fasan. Jetzt kommt er auf den Markt. Jung oder jährig. Hähne und Hennen. Zart und saftig. Eine Tafelfreude mit wenigen Kalorien – würzig gefüllt, die Krönung der herbstlichen Sonntagstafel.

## November

Mit Herbstnebel, dem ersten Schnee und unwirtlichen Herbststürmen wird's wieder gemütlich zu Hause. Und genüßlich! Denn am 11. November brutzelt die erste Gans im Ofen – die Martinsgans. Knusprig. Lecker gefüllt. Mit saftigen Knödeln dazu. Da vergißt man die trüben Tage draußen leicht.
Aber es muß nicht immer gleich ein ganzer Vogel sein. Versuchen Sie doch mal

**Gänsekeule auf frischem Weinkraut**
(für zwei)

*2 frische Jungmastgans-Keulen*
*Pfeffer · Salz · 1 TL Paprika edelsüß*
*1 TL Gänseschmalz · 3 Zwiebeln*
*50 g durchw. Speck · 1 EL Gänseschmalz*
*500 g frisches Sauerkraut (gibt's im Reformhaus) · 1 Apfel · 3 Wacholderbeeren*
*1 TL Honig · 1 Schuß trockener Weißwein*
*2 EL Sahne*

Die Keulen mit Küchenkrepp gut trockentupfen, mit Pfeffer, Salz und Paprika einreiben, das Schmalz in einem ofenfesten Schmortopf erhitzen und die Keulen rundum kräftig anbraten, eine grobgewürfelte Zwiebel zugeben, zudecken und den Topf in den vorgeheizten Ofen (E: 200°, G: 3) stellen. Die Keulen ca. 45 Min. garen lassen. Dabei mehrmals wenden.
Inzwischen die beiden Zwiebeln feinwürfeln und den Speck in feine Streifen schneiden. Das Schmalz in einem Topf erhitzen, Zwiebeln und Speck darin so lange dünsten, bis die Zwiebeln glasig sind und der Speck goldig ist. Das zerrupfte Sauerkraut zugeben, durchrühren und zudecken.
Den Apfel schälen, vierteln, das Kernhaus herausschneiden und das Fleisch würfeln. Unter das Kraut mischen, die zerdrückten Wacholderbeeren, den Honig und Weißwein zugeben und das Kraut insgesamt etwa 35–40 Min. garen lassen. Zum Schluß die Sahne unterziehen. Das Kraut auf einer Platte anrichten und mit den Gänsekeulen belegen.

Aber nicht nur Gänse, Puten, Enten und Fasane wollen uns vergessen lassen, daß der Winter vor der Tür steht.
Saftige Quitten zum Beispiel und nicht zu vergessen Orangen und Grapefruits aus dem sonnigen Süden zaubern uns vitaminreiche Sonnenstrahlen auf den Tisch. Und auch Pilze stecken immer noch ihre Hüte durchs fallende Laub. Der schwarzfaserige Ritterling zum Beispiel, der Pfifferling oder der Austernpilz. Und der Kaiser aller Pilze – nicht zu vergessen –, Seine Majestät, der Trüffel, vor dem sich Gourmets in aller Welt ehrfürchtig verneigen.

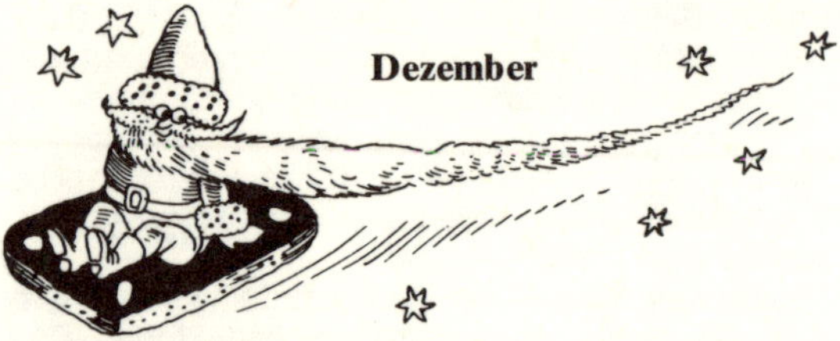

## Dezember

Nach über 300 Tagen voller Höhepunkte für den Koch in der Jungfrau schickt sich der Dezember an, alles in den Schatten zu stellen. Sein kulinarisches Angebot will Augen, Nase und Gaumen in Entzükken versetzen. Mit festlichen Tafeln, mit verführerischen Düften und mit einer überwältigenden Geschmacksfülle. Wer könnte da widerstehen?
Fleisch wetteifert mit Wild, Fisch und Geflügel. Und alle möchten, daß wir das zur Neige gehende Jahr vergessen wie diese

### Getrüffelte Poularde
(ein Festtagsschmaus für vier)

*2 Karotten · 1 Zwiebel · 1/8 Sellerieknolle*
*1/2 Bd. Suppengrün · 1/4 l Geflügelbrühe*
*1 Poularde (ca. 1500 g) · 1 schwarzer*
*Trüffel (ca. 50 g) · Pfeffer · Salz*

Das Gemüse putzen und fein würfeln, mit der Geflügelbrühe aufgießen und bei mittlerer Hitze zuge-

deckt 15 Min. ziehen lassen. Den Trüffel schälen und in 8 dünne Scheiben schneiden.
Die Haut der Poularde vom Fleisch lösen. Das geht ganz leicht, wenn Sie mit den Fingern vorsichtig vom Hals aus dazwischenfahren oder mit dem Stiel eines Holzkochlöffels. Die Pilzscheiben dann unter die Haut schieben.
Die Poularde innen und außen mit Pfeffer und Salz einreiben, dressieren und auf das Gemüse in die Geflügelbrühe legen. Die Trüffelschalen darumstreuen. Den Topf zudecken und in den vorgeheizten Ofen (E: 225°, G: 4) schieben.
Die Poularde etwa 30 Min. garen, den Deckel entfernen und noch 10 Min. Farbe nehmen lassen.
Den Topf aus dem Ofen nehmen, die Poularde herausnehmen und im ausgeschalteten geöffneten Ofen noch 10 Min. ruhen lassen.
Den Bratenfond abgießen, entfetten und etwas einkochen lassen.
Die Poularde halbieren, auf einer vorgewärmten Platte anrichten und mit der Sauce übergossen servieren. Duftet aus dem Ofen fast noch verführerischer als die knusprigen Weihnachtsbäckereien, die jetzt überall gebacken werden.

In den letzten Tagen des Jahres tragen Köchinnen und Köche auf, wovon wir noch lange ins neue Jahr hinein reden oder schreiben werden wie Theodor Storm (14.9.1817), Leo Tolstoi (9.9.1828), Franz-Joseph Strauß (6.9.1915) oder Eduard Mörike (8.9.1804) – sie alle beschrieben den Weihnachtsmonat in ihren Romanen, Briefen, Tagebüchern und Gedichten als den Monat der Gaumengenüsse.

Die genießerischen Dänen haben sich für diese Zeit einen ganz besonderen Trank gebraut – den

**Glögg**
(schmeckt nicht nur im Dezember)

*1 Fl. kräftiger trockener Rotwein*
*1 Fl. Muskateller · ½ l trockener weißer Vermouth · ca. 1 TL Angosturabitter*
*70 g Rosinen/Sultaninen · Abgeriebenes von 1 ungespritzten Orange*
*3–4 Kardamonkörner (zerstoßen)*
*2–3 Gewürznelken · 1 Ingwerpflaume in Sirup*
*½ St. Zimt · 6–8 cl Jubiläums-Aquavit*
*ca. 100 g Zucker · 50 g geschälte Mandeln*

Rotwein, Muskateller und Vermouth (denken Sie beim Einkauf an die Binsenweisheit: Je besser der Wein, ...) in einen großen Gußeisen- oder Emailletopf gießen, den Angostura, die gewaschenen Rosinen, Orangenschale, die Gewürze und den feingehackten Ingwer zugeben, durchrühren und zugedeckt mindestens über Nacht, besser noch einen ganzen Tag, ruhen lassen.
Den Aquavit, Zucker (nach Ihrem persönlichen Geschmack, aber keinesfalls zuviel) und die Mandeln einrühren, langsam erhitzen, einmal aufkochen lassen und heiß auf einen Rechaud auf den Tisch stellen.

Übrigens: es soll Dänen geben, die das Glögg-Trinken bis ins neue Jahr durchhalten. Aber es sind nicht allzu viele.

# Das astrologische Wer mit Wem

**Jungfrau und Widder (21.3. bis 20.4.)**

Die Mentalitäten von Jungfrau und Widder sind sich so ähnlich wie der Igel einer Zahnbürste. Oder wie der Hammer dem Daumen. Es gibt wenig Gemeinsamkeiten, sie begreifen einander nur schwer und tun sich meist aus Mißverständnissen weh, wenn sie einander begegnen. Der Widder ist aktiv, unternehmungslustig, voller Esprit und impulsiv in der Verteidigung seines Geltungsbedürfnisses. Außerdem ist er ein Astrogourmet von überschwenglicher Begeisterungsfähigkeit! Seine unbändige Freiheitsliebe verbietet es ihm zwar, dem Einfluß der Sterne auf sein Leben allzu große Bedeutung beizumessen – dafür aber zelebriert er sich immer wieder gerne ganz persönliche Sternstunden lukullischen Charakters! Eigentlich logisch, daß er der kühlen, berechnend nüchternen Jungfrau (zunächst) recht skeptisch gegenübersteht. Ihre Humorlosigkeit macht ihn sauer, und der Ordnungssinn, mit dem sie ihren Lebensfahrplan austüftelt, geht ihm auf die Nerven. Außerdem kann man in astrologischen Fachbüchern nachlesen, daß Jungfrauen häufig Diät halten, Nichtraucher sind, vegetarisch leben, den Alkohol verpönen und mit dem Beruf des Nahrungsmittelchemikers liebäugeln.

Für den Widder aber sind Essen und Trinken die drei schönsten Arten der Freizeitgestaltung – und angesichts derart geballter Frigidität der Welt des Genießens gegenüber bockt er auf!
Will die Jungfrau also den Widder für sich eingenommen machen, dann muß sie ihre Unschuld verlieren. Sie muß ihn vom Gegenteil dessen, was er glaubt, überzeugen. Sie muß über ihren eigenen Schatten springen, was übrigens für sie gar keine Schwierigkeit darstellt, wenn sie sich ein Ziel gesetzt hat. Wenn er im Gegensatz zu ihr auf Trennung von Tisch und Bett besteht, dann plant sie sorgfältig und überläßt nichts dem Zufall – auch beim Schattenspringen nicht, wie der Fall einer Jungfrau aus Hamburg beweist, den ein pensionierter Standesbeamter uns berichtete:
Jungfrau und Widder hatten sich im Urlaub kennengelernt. Sonne, Sommer und südlicher Himmel hatten besonders seine Brille rosarot gefärbt. Und man war verlobt, bevor der Tag des Heimflugs gekommen war. Daheim aber kam ihm bei nun wieder sehr klarer Brille der Verdacht, seine im astrologischen Sinne jungfräuliche Zukünftige sollte dies wohl lieber nicht werden. Denn sie verdonnerte ihn zunächst zu einer Kartoffel-Diät, um den Urlaubsspeck abzubauen. Dann verbot sie ihm die Bierchen am Abend. Unter Hinweis auf eine Artikelserie in einer großen Illustrierten erklärte sie schließlich Fleisch für ungesund. Und als sie den Darbenden dann auch noch zu einem ernährungswissenschaftlichen Seminar auf die Volkshochschule schleppen wollte, flippte er aus. Er erklärte die Verlobung für gelöst und marschierte ins teuerste Feinschmeckerlokal an der Alster. Da ging die Jungfrau in sich und

erkannte, daß nur eine Kurskorrektur ihr gemeinsames Lebensschifflein vor dem Zerschellen retten konnte. Und als er zwei Tage später seine letzten Sachen aus ihrer Wohnung holen wollte, da überraschte sie ihn mit ungeahnten Schlemmereien:

## Schneckensuppe

*12 Schnecken (aus der Dose) · Schneckensaft*
*1½ dl Weißwein · 8 EL Ananassaft (frisch)*
*80 g Lauch (nur das weiße) · Pfeffer · Salz*
*4 EL Ananassaft (frisch) · 4 dl süße Sahne*
*1 TL Curry · 4–5 grob gehackte Walnüsse*
*2 Scheiben Ananas*

Die Schnecken mit etwas Schneckensaft aus der Dose, dem Weißwein und Ananassaft in einen Topf geben. Den Lauch feinwiegen und zugeben, leicht pfeffern und salzen. Das Ganze aufkochen und noch 2 Min. durchziehen lassen.
In den Mixer gießen, pürieren und dann durch ein Haarsieb streichen. Den restlichen Ananassaft und

die Sahne zugeben, Curry unterrühren und die Suppe unter Rühren mit dem Schneebesen sämig werden lassen. Abschmecken. Die Suppe in vorgewärmte Tassen füllen, mit den feingeschnittenen Ananasringen und Walnüssen vollenden.

**Hasensteaks in Pfeffercreme**

*1 frischer, ungespickter Hasenrücken*
*Pfeffer · Salz · 2 EL Butter · 20 grüne*
*Pfefferkörner · 1 dl trockener Weißwein*
*Saft einer Orange · 2 dl süße Sahne*

Die Filets im rohen Zustand vom Knochen lösen. Dazu trennen Sie sie, entlang des Rückgrates, mit einem scharfen Messer los und fahren dann mit dem Messer auf dem Knochen nach unten. Sehnen und Hautreste entfernen. Die Filets leicht salzen und pfeffern, in einer gebutterten Pfanne anbraten, dabei wenden. Die Pfefferkörner darüberstreuen und beim Braten immer wieder mit Weißwein und Orangensaft begießen. Nach etwa 3–4 Min. die Hasenfilets herausnehmen, warm halten.
Den Bratfond mit der Sahne ablöschen und unter Rühren andicken lassen.
Die Hasenfilets in Scheiben schneiden, auf vorgewärmten Tellern anrichten und mit der Sahne überziehen.

Der bockige Widder wurde zahm. Fraß seiner Jungfrau gewissermaßen aus der Hand. Und wenn sie nicht gestorben sind, dann leben sie noch heute glücklich im Kreise ihrer Enkelkinder …

**Jungfrau und Stier (21. 4. bis 20. 5.)**

Unter diesen Tierkreiszeichen geborene Menschen empfinden Achtung voreinander, die aus gegenseitiger Sympathie erwächst. Zwar hängt der Himmel nicht unbedingt immer voller Geigen – aber für sogenannte Vernunftsehen ist eine prachtvolle Basis gegeben, wenn der ruhige, ausdauernde und beharrliche Stier der logisch denkenden, gründlichen und fleißigen Jungfrau begegnet. Beide haben die gleiche Einstellung zum Leben, beide ziehen an einem Strang, beide verteidigen in optimaler Zusammenarbeit gemeinsame Ziele. Die deutsche Geschichte weiß ein Beispiel zu berichten:
Der Theologe und Stier Johann Christoph Wöllner (19. 5. 1732) war als Hofmeister auf dem Gut des berühmten Generals von Itzenplitz tätig, wo er Schreibarbeiten zu erledigen und die Kinder zu unterrichten hatte. Zu diesen Kindern zählte auch die Tochter des Generals – Jungfrau Charlotte Amalie Elisabeth von Itzenplitz (15. 9. 1742). Als der General das Zeitliche segnete, unterstützte Wöllner die Erbin außerdienstlich in agronomischen Fragen. Dies bewog die Jungfrau zu der Überlegung, daß ihre Verehelichung mit besagtem Stier eigentlich für das ererbte Gut Groß-Behnitz von größtem

Nutzen sein könnte. Und da der junge Theologe wegen der Standesunterschiede nichts von diesem Plan wissen wollte, komponierte sie ihm eines Abends eigenhändig ein Liebesmahl, das alle Bedenken vom Tisch fegte:

**Rehmedaillons in Madeira-Creme**

*6 Rehmedaillons (mindestens 3 cm dick)*
*Pfeffer · Salz · 1 Pr. Delikateß-Paprika*
*3 EL Olivenöl · 6 Weißbrotscheiben*
*(medaillonförmig geschnitten)*
*Butter zum Rösten · 1 dl Madeira*
*1 dl süße Sahne · Zitronensaft*

Die Medaillons von Hautresten säubern, leicht mit dem Handballen klopfen. Mit Pfeffer aus der Mühle, Salz und Paprika würzen und im rauchheißen Öl in einer Pfanne von beiden Seiten je 2 Min. braten – nicht länger, denn das Fleisch soll einen rosa Kern behalten.
Zur gleichen Zeit die Weißbrotscheiben in Butter auf beiden Seiten goldgelb knusprig werden lassen.
Die Rehmedaillons auf den Brotscheiben anrichten und warm halten.
Die Fleischpfanne mit Madeira ablöschen und auf starker Hitze um gut die Hälfte einkochen lassen.
Die steifgeschlagene Sahne zugeben. Sie schmilzt zuerst, dickt aber nach einigen Minuten die Sauce an.
Die Sauce vom Herd nehmen und den Zitronensaft mit dem Schneebesen kräftig unterrühren, die Sauce nachwürzen und über die Medaillons geben.

**Jungfrau und Zwilling (21. 5. bis 21. 6.)**

Von den Gestirnen füreinander bestimmt sind sie wahrlich nicht – die Jungfrau und der Zwilling. Denn sie steht sachlich und umsichtig kalkulierend auf dem Boden jener nüchternen Tatsachen, über die er sich mit der für einen Luftikus typischen Lässigkeit hinwegsetzt. Und wo die Jungfrau voller Ernst die pedantische Ordnung liebt und viel auf Etikette und gesellschaftliche Anstandsregeln hält, da zerstört der Zwilling bestehende Ordnungen, nur um zu beweisen, daß es auch ohne sie geht.

Die erste (und vermutlich bisher einzige) deutsche Ministerin für Entwicklungshilfe in Sachen vaterländischer Eßkultur im Ausland war ein Zwilling – Prinzessin Elisabeth Charlotte, genannt Liselotte von der Pfalz (27.5.1652). Am französischen Hof hatte es die originelle Dame mit gleich zwei Jungfrauen zu tun – nämlich mit ihrem Ehegespons Philipp I., dem Herzog von Orleans (* 1640), und mit seinem Bruder, dem Sonnenkönig, Ludwig XIV. (5.9.1638). Die jungfräuliche Majestät war ein feinschmeckerischer Vielfraß, wie sie in einem Brief an ihre Familie in der Heimat berichtete:

»Ich habe den König oft vier Teller verschiedener Suppen essen sehen, einen ganzen Fasanen, ein

Rebhuhn, einen großen Teller Salat, zwei große Scheiben Schinken, mit Knoblauch zubereitetes Hammelfleisch mit Brühe, einen Teller voll Backwaren, außerdem Obst und harte Eier!«
Und das alles mit den Fingern! Denn der Sonnenkönig hielt nichts von Gabeln und erklärte auf den Vorhalt der Pfälzerin, daß dieses damals neuartige Speisenbeförderungsinstrument zur feinen Eßkultur gehöre:
»Mir hat noch niemals jemand dergleichen verboten, ich habe mich zeit meines Lebens beim Essen nur meines Messers und meiner fünf Finger bedient!«
Hier der mit fettigen Fingern futternde Sonnenkönig, der das Praktische liebte – dort die verfeinerte Eßsitten gewöhnte Prinzessin, die über gute Tischmanieren theoretisierte. Zusammen konnten sie nur kommen, wenn einer über seinen Schatten sprang. Und das tat in diesem Fall nicht der beweglichere Zwilling – es tat die heißhungrige Jungfrau!
Ludwig XIV. lief das Wasser im Mund zusammen, wenn Liselotte ihre deftigen Gerichte, die sie sich aus der deutschen Heimat zuschicken ließ, verspeiste. Sie hielt nicht viel von den französischen Delikatessen und Ragouts.
Und so war eines Abends wieder einmal ihr Tisch reich gedeckt mit hannöverschen Mettwürsten, diversen »Salatchen«, deutschem Schinken und deutschem Wein. Und außerdem hatte sie sich in der Küche eigenhändig ein Menü gebrutzelt, bei dem Sie, geneigte Leserinnen und Leser, getrost alles vergessen können, was Sie jemals über altmodische Kalorien und hochmoderne Joule-Berechnungen gelernt haben:

## Tellersulz aus der Pfalz

*800 g Schweineohren, -rüssel und -backen*
*1–2 Karotten · 1 Zwiebel · 1 TL Senfkörner*
*½ TL Korianderkörner · 10 weiße Pfefferkörner*
*5 schwarze Pfefferkörner · 1 Lorbeerblatt*
*1 Knoblauchzehe · Salz · 2 Gewürzgurken*
*1 Schuß Weißweinessig*

Das Fleisch in sprudelnd kochendem Wasser einige Minuten blanchieren, abgießen, kalt abschrecken und abtropfen lassen.
Die Karotten putzen, die Zwiebel in Scheiben schneiden und die Gewürze in ein Leinensäckchen füllen.
Das Fleisch in einen Topf legen, mit ca. 1 ½ l Wasser aufgießen und langsam aufkochen lassen, abschäumen, Gemüse und Gewürze zugeben und bei milder Hitze etwa 90 Min. köcheln lassen, bis das Fleisch weich ist. Das Fleisch und die Möhren herausnehmen, abkühlen lassen, das Fleisch würfelig schneiden, die Möhren und Gewürzgurken in Scheiben.
Fleisch, Möhren und Gurken auf 4 Tellern anrichten. Den Kochfond durchsieben, entfetten, langsam einkochen, mit Salz und Essig nach Geschmack würzen. Über das Fleisch gießen und erstarren lassen.

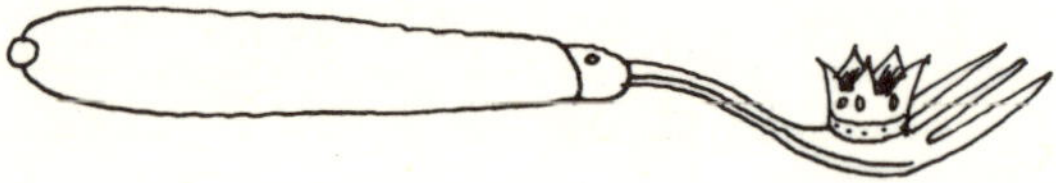

**Pfälzer Mostbraten**
(für vier Personen)

800 g gut abgehangenes Rinderfilet
150 g fetter Speck zum Spicken
Salz · *Pfeffer · Karotten · 1 Zwiebel*
*1 Pastinaken- bzw. Petersilienwurzel*
*3–4 EL Schmalz · ½–¾ l Weinmost*
*4–6 schw. Pfefferkörner · 1 Lorbeerblatt*
*100 g geschälte Eßkastanien*

Das sauber von Hautresten befreite Rinderfilet mit dem in dünne Streifen geschnittenen Speck spikken und zur Seite stellen.
Karotten, Zwiebel und die Pastinaken- bzw. Petersilienwurzel putzen und das Gemüse in Scheiben schneiden, im Schmalz in einer Kasserolle anbraten und das mit Pfeffer aus der Mühle und Salz eingeriebene Fleisch darauflegen, von allen Seiten kurz anbraten, mit dem Weinmost ablöschen. Das Fleisch soll nur halb bedeckt sein. Die Pfefferkörner, das Lorbeerblatt und die Kastanien zugeben und zugedeckt etwa 20–25 Min. garen lassen, herausnehmen und in Alufolie noch 5 Min. warm stellen. Den Bratenfond auf starker Hitze einkochen lassen, bis er dicklich wird, durch ein Haarsieb passieren und nochmals abschmecken.
Das Fleisch in dicke Scheiben schneiden, auf einer warmen Platte anrichten und mit der Sauce überziehen.

Als Dessert gab es ein Pfälzer Nationalgericht, den

**Kerscheplotzer**

*250 g Süßkirschen · 250 g Sauerkirschen*
*2 cl Kirschwasser · 8 altbackene Brötchen*
*(ca. 200 g) · oder die entsprechende Menge*
*Weißbrot · ½ l Milch · 4 Eier*
*125 g Butter · 4 EL Zucker · 1 P. Vanillezucker*
*½ TL Zimt · 100 g gem. Mandeln*

Die Kirschen entsteinen, mit dem Kirschwasser überträufeln und marinieren lassen.
Die Brötchen bzw. das Brot in dünne Scheibchen schneiden, mit der kochenden Milch übergießen und zur Seite stellen.
Die Eier trennen. Das Eigelb mit der weichen Butter schaumig schlagen, Zucker, Vanillezucker und Zimt unterrühren, dann die abgetropften Kirschen und die Mandeln sowie das eingeweichte Brot. Alles gut zu einer glatten Masse verarbeiten.
Das Eiklar mit einer Prise Zucker erst langsam, dann immer schneller werdend »schnittfest« schlagen. Den Schnee vorsichtig, aber gründlich unter die Masse heben und in eine ausgebutterte Auflaufform gießen.
Den Kerscheplotzer im vorgeheizten Ofen (E: 200°, G: 3) 30–40 Min. backen.
Evtl. nach 20 Min. mit Alufolie abdecken, damit die Oberfläche nicht zu braun wird.
Heiß mit einer dicken Vanillesauce servieren.

## Jungfrau und Krebs (22.6. bis 22.7.)

Jungfrau und Krebs passen ausgezeichnet zueinander. Zwar neigen Jungfrauen dazu, das Leben verstandesmäßig anzugehen, während der Krebs ein sehr gefühlsbetontes Wesen ist, das häufig von Stimmungsschwankungen gebeutelt wird. Da beide jedoch ein starkes Innenleben besitzen und äußerst feinfühlig sind, gleichen sich Stärken und Schwächen (oder Schwächen und Stärken!) auf oft höchst harmonische Weise aus. Wobei beide zu ihren Rechten und Vorteilen kommen, wie folgender Fall zeigt:

Der jungfräuliche Künstler Erasmus Klüver (die Namen wurden vom Verlag geändert!) hatte sich für sein Talent ein Material ausgesucht, dessen Härte und Widerstandsfähigkeit seinen emsigen Fleiß und seine systematische Gründlichkeit herausforderte. Als Bildhauer wurden ihm auch etliche ehrenvolle Preise zuerkannt. Trotzdem war ihm eines Tages der Preis der Miete für sein Atelier in München-Schwabing zu hoch, und er beschloß, sich auf dem Lande nach erschwinglicheren Räumlichkeiten umzusehen. Dabei geriet er über eine Annonce in der Nähe des Chiemsees an ein Traumhaus! Es lag in einem kleinen Park mit Blick auf die

Berge, weder Sauna noch Schwimmhalle fehlten, jeder Raum war mit antiken Bauernmöbeln anheimelnd rustikal eingerichtet, ein kleiner Seitentrakt bot sich geradezu an, als weiträumiges, helles Atelier umfunktioniert zu werden, und alles in allem reichte das Anwesen aus, um selbst kühnste Träume von Wohnkomfort und Lebensqualität zu erfüllen. Klüvers Ersparnisse aber reichten allenfalls dazu aus, eine alte Scheune mit Blick auf diese Villa zu mieten, deren Kaufpreis mit schlichten anderthalb Millionen Mark veranschlagt war. Doch Klüver pokerte ein wenig, um sich das feudale Besitztum wenigstens einmal genau ansehen zu können! Und Witwe Eleonore Hasenkamp, eine freundliche Krebs-Dame, zeigte ihm alles, was er sehen wollte. Auch die Küche! Und da schaltete Klüver sofort! Die Küche war ein kleines Museum – die Kacheln stammten aus der Provençe, der riesige Grillkamin aus einem Bergdorf auf Teneriffa, an den Wänden hingen schwere spanische Pfannen, auf alten Tellerborden standen internationale Werke der gastrosophischen Literatur, der Gewürzschrank hatte die Ausmaße eines mittleren Bücherregals, und alles machte ganz den Eindruck, als habe sich hier eine Freundin Lukulls eine kleine Hauskapelle geschaffen von der Größe einer normalen Zweizimmerwohnung, um hier den Göttern des Gaumens zu opfern! Jungfrauen sind helle und realistisch. Klüver machte keine Ausnahme. Er pokerte weiter und setzte alles auf eine Karte. Mit gewinnendem Charme dankte er der Witwe Eleonore Hasenkamp für die Führung und bedauerte, trotzdem Abstand nehmen zu müssen, da er augenblicklich nur etwa eine Million flüssig habe. Aus Dank für ihre Mühe aber erbot er sich, sie, die er für eine Feinschmeckerin hielt, mit seinen Kochkünsten zu verwöhnen. Die verwitwete Krebsin nahm das Angebot erfreut an. Und Erasmus Klüver stürzte sich mit von Genialität beflügeltem Eifer in die Arbeit. Es gab

**Gefülltes Täubchen auf feinem Gemüse**
(für zwei Turteltauben)

*2 zarte Jungtauben · 150 g Blattspinat*
*1 Ei · 2 EL Sahne · 1 Schalotte od. kl. Zwiebel*
*2 EL Bratfett · Pfeffer · Salz · 2 EL Butter*

*GEMÜSE*
*200 g feine Karotten · ½ mittelgroße*
*Sellerie · 50 g Schalotten od. kl. Zwiebeln*
*2 EL Zucker · 1–2 EL Butter · Salz*
*5 EL Bouillon · gehackte Petersilie*

Die bratfertig vorbereiteten Täubchen kurz unter kaltem Wasser spülen und mit Küchenkrepp völlig abtrocknen, zur Seite stellen. Den verlesenen und gut gewaschenen Spinat in kochendem Salzwasser kurz blanchieren, mit kaltem Wasser abschrecken, abtropfen lassen und grob hacken.
Die gesäuberten Lebern der Täubchen fein hacken, mit der feingeschnittenen Schalotte in Butter anbraten und mit dem Spinat verrühren.
Das Ei mit der Sahne verrühren, die Farce damit binden und mit Pfeffer sowie Salz würzen.
Die Täubchen mit der Farce füllen und am einfachsten mit einem Zahnstocher oder einer Rouladennadel verschließen.

Die Täubchen im heißen Bratfett rundum anbraten und dann im vorgeheizten Backofen (E: 200°, G: 3) noch etwa 10 Min. knusprig braten, dabei des öfteren mit dem Fett einpinseln.
Während die Täubchen im Ofen braten, das geputzte Gemüse bis auf die Schalotten in Würfel schneiden, blanchieren, kalt abschrecken und abtropfen lassen.
Die Butter mit dem Zucker verrühren und bei milder Hitze unter Rühren darin schmelzen. Das abgetropfte Gemüse dazugeben, durchschwenken, etwas salzen und mit der Bouillon löschen. Die Schalotten dazutun und das Gemüse bei milder Hitze dünsten. Dabei immer wieder durchschwenken, damit nichts ansetzt. Es ist gar, wenn die Flüssigkeit fast ganz eingekocht ist und das Gemüse mit einer feinen Glasur überzogen ist.
Das Gemüse auf einer vorgewärmten Platte anrichten, mit Petersilie bestreuen, die Täubchen obenauf legen und servieren.

Eleonore war – ob sie Erasmus nun durchschaute oder nicht – hingerissen. Es wurde ein Abend der Sternstunden, denen eine Nacht im siebenten Himmel folgte. Am nächsten Morgen kredenzte er ihr

**Morgentrunk der Jungfrau**
(für zwei)

*4 frische Wachteleier*
*1/4 l roter Bordeaux (bevorzugt eine Schloßabfüllung aus St-Emilion)*

Die Wachteleier aufschlagen und mit dem Wein vorsichtig verquirlen, so vermählt sich das Feuer des Rotweins ideal mit dem pikanten Aroma der Wachteleier. In zwei hohe Flötengläser gießen.
Getrunken wird in einem kräftigen Zug. Und da Jungfrau-Geborene gleich wissen, welche wertvollen Vitamine und Mineralstoffe sie schon am frühen Morgen zu sich genommen haben, hier für alle Nicht-Jungfrauen, die diese Zeilen lesen, eine Analyse:
Der jungfräuliche Morgentrunk enthält neben 6 g Eiweiß, 2 g Fett und dem anregenden Alkohol auch noch eine gute Portion wertvoller Vitamine wie A, $B_1$, $B_2$, Niacin und Mineralstoffe wie Natrium, Phosphor und Eisen. Und der ganze Trunk bringt es nur auf magere 75 Kalorien (für ganz Genaue: 274 Joule). Mit weniger Kalorien und mehr wertvollen Nährstoffen können Sie den Tag kaum beginnen. Und mehr nicht für sich tun, sagen anerkannte Ärzte und Ernährungswissenschaftler.

Das Haus wurde nie verkauft! Dafür verkauft heute Eleonore Klüver die Werke des Künstlers, die, lediglich von kurzen schöpferischen Pausen in der Küche unterbrochen, im zum Atelier umfunktionierten Seitentrakt der Villa entstehen!

## Jungfrau und Löwe (23.7. bis 23.8.)

Eigentlich muß ein mittlerer Krisenstab in Permanenz tagen, wenn Jungfrau und Löwe sich über den Weg laufen sollten. Denn wo die Jungfrau in ihrer Neigung zu Minderwertigkeitskomplexen mitunter den Kopf einzieht, da wächst der Löwe aus eitler Selbstüberschätzung oft mächtig über sich selbst hinaus. Diese Überfunktion des Selbstbewußtseins gibt dem Löwen ein Selbstwertgefühl, in dem er sich als den Größten schlechthin sieht (Cassius Clay ist seltsamerweise übrigens »nur« ein Steinbock, der allerdings dem Löwen hinsichtlich beruflicher Karriere und auffälliger Lebenserfolge weit überlegen ist). Doch was der Löwe in kraftmeierndes Imponiergebrüll umsetzt, das hat die Jungfrau im Köpfchen. Und so emanzipiert sie sich flugs zur Dompteuse, wenn sie den stolzen Wüstensohn bändigen möchte! Der Dressurakt gelingt ihr meist über den Umweg des Magens, da Löwen eigentlich unablässig hungrig sind. So zahm, daß es bereitwilligst sein königliches Streunerdasein mit einem goldenen Käfig vertauscht, wird das hochherrschaftliche Wappentier beispielsweise dann, wenn die Jungfrau seinen Gaumen mit folgender kulinarischen Köstlichkeit in die Falle lockt:

**Zwischenrippensteak mit grünem Pfeffer**
(damit kann eine Jungfrau sogar einen Löwen zähmen)

*2 gut abgehangene Zwischenrippensteaks (ca. 4 cm dick) · 2 EL grüner Pfeffer*
*2 EL Bratfett · 2 EL Butter · Pfeffer · Salz*
*ca. 1 dl Rotwein · 1 TL Bouillon-Extrakt*

Dieses pikante Entrecote schmeckt am besten, wenn Sie bei Ihrem Schlachter Zwischenrippensteaks von jungen Mastochsen – ein Traum wäre vom Charolais-Rind – kaufen. Das Fleisch erkennen Sie am schneeweißen Fett.
In die Schmalseite der gut abgetrockneten, nicht gewaschenen(!) Steaks, mit einem spitzen Messer eine tiefe Tasche einschneiden. Die Öffnung darf nicht viel größer als das Messerblatt sein. Jeweils einen Eßlöffel grünen Pfeffer in diese Taschen füllen. Das Bratfett in einer schweren Gußeisenpfanne heiß werden lassen und die Steaks von jeder Seite etwa 1/2 Minute scharf anbraten, bis sie Farbe be-

kommen haben, herausnehmen, das Öl abgießen und die Butter in der Pfanne schmelzen, die Steaks dann bei milder Hitze nach Wunsch fertigbraten.

blau: noch etwa 1 1/2 Minuten je Seite
blutig: noch etwa 2–2 1/2 Minuten je Seite
rosa: noch etwa 3–3 1/2 Minuten je Seite
durch: noch ca. 5 Minuten je Seite

Während des Ausbratens sollte das Fleisch mehrmals gewendet werden. Dabei aber niemals mit einer Gabel in das Fleisch stechen, sondern die Steaks mit einer Zange oder mit dem Pfannenwender umdrehen.
Die Steaks herausnehmen und warm stellen. Den Bratfond mit Rotwein ablöschen und den Bouillonextrakt unterrühren, schnell aufkochen lassen und über die Steaks gießen. Dazu gibt es ein zartes Kartoffelgratin und kurz in Butter geschwenkte Broccoli-Röschen oder andere zarte Gemüse.
Eine saftige, kräftige Sache, bei der es auch mit den Kalorien nicht so wild ist. Denn es sind gerade 560, mehr nicht.

Angeblich soll einmal Agatha Christie, die am 15. September 1890 das Licht der gruseligen Welt, der sie das sanfte Schaudern lehrte, erblickte, mit dieser herzhaften Schlemmerei einen Löwen-Gespons für private Zwecke domestiziert haben. Doch die mordlüsterne Lady hatte es zu sehr mit unverdaulichen Giften. Und so fand dieses Exempel niemals Aufnahme in die Hit-Listen der gastrosophischen Literatur. Weshalb man nichts Genaues, um mit Karl Valentin zu sprechen, nie nicht weiß …

## Jungfrau und Waage (24.9. bis 23.10.)

Wenn Jungfrau und Waage einander begegnen, dann haben alle anderen Sendepause. Denn hier finden sich zwei verwandte Seelen in einer Welt voll Ignoranten! Zwar versucht die Jungfrau ein vernünftiges Verhalten aus den gegebenen Umweltbedingungen abzuleiten, während sich die Waage in ihrer Friedensliebe auf liebenswürdige Weise bemüht, im Interesse der Harmonie auf die Umwelt ausgleichend zu wirken. Doch sind dies keine fundamentalen Gegensätze. Im Gegenteil:
Beide verstehen sich auf Anhieb! Sie schätzen sich. Und sie tauschen Erfahrungen aus. Ganz besonders auf dem Sektor der gesunden Ernährung. Da sind sie wie zwei Laborantinnen, die an der gleichen Versuchsreihe herumexperimentieren. Die Jungfrau entwickelt die tiefschürfenden Erkenntnisse, während die Waage diese dann aus humanitären Gründen unters Volk bringt. Und der Jungfrau gelingen in dieser vernunftbezogenen Zusammenarbeit wahrhaft epochale Bravourleistungen, die einem Ernährungswissenschaftler alle Ehre machen würden. Was zum Beispiel tut ein armer Zeitgenosse, bei dem sich unübersehbare Probleme mit der Ideallinie paaren, mit einem unüberwindlichen

Heißhunger nach zwei bis einem Stückchen Zwiebeltorte?! Nun, er entscheidet sich vornehmlich dann, wenn er eine Jungfrau ist, für die

**Garantiert mehlfreie Zwiebeltorte**

*8–10 große Weißkohlblätter*
*8–10 schöne, geschlossene Champignons*
*4 große, spanische Zwiebeln · 1 Karotte*
*1 dl Milch · 1 EL frischer Kerbel · 1 Ei*
*Pfeffer · Salz · Muskat*
*Butter zum Ausfetten der Form*

Die Kohlblätter in kochendem Salzwasser blanchieren, etwa 3 Min. reichen, denn sie sollen gerade weich werden. Herausnehmen, kalt abschrecken und abtropfen lassen. Den harten Strunk keilförmig herausschneiden.
Die Zwiebeln schälen, die Champignons und die Karotte putzen. Alles in feine Scheiben schneiden und in einer beschichteten Pfanne bei milder Hitze, mit Pfeffer und Salz bestreut, zugedeckt etwa 20 Min. dünsten lassen.
Die Milch mit dem verquirlten Ei und dem Kerbel verrühren, mit Pfeffer, Salz und einer Prise Muskat abschmecken.
Eine Tortenboden- oder Pieform ausfetten, mit 4 Kohlblättern auslegen, die Gemüsemischung darauffüllen und glattstreichen. Die Milch darübergießen und die restlichen Kohlblätter als Deckel auflegen. Die Torte im vorgeheizten Ofen (E: 175°–200°, G: 2–3) etwa 40 Minuten backen lassen. Evtl. nach 25–30 Min. mit Alufolie zudecken, damit die Kohl-

blätter des Deckels nicht zu dunkel werden. In der Form servieren und am Tisch ordentliche Stücke herausheben.

Dann schmeckt der Wein gleich doppelt so gut, und Ihr Gewissen ist ruhig – auch wenn Sie 2 oder 3 Portionen verdrücken, denn so eine Portion hat gerade 400 Joule (oder nicht einmal 100 Kalorien).

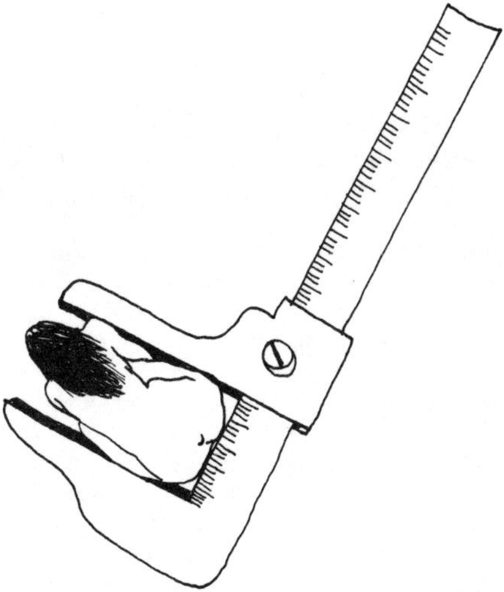

**Jungfrau und Skorpion (24.10. bis 22.11.)**

»Hier stehe ich, ich kann nicht anders!« sagte der am 10. November 1483 geborene Skorpion Martin Luther stellvertretend für alle unter diesem Tierkreiszeichen geborenen Willensmenschen. Und solche Exemplare der Spezies Homo sapiens üben natürlich auf die nüchtern in ureigenen Denkprozessen verstrickte Jungfrau einen ungeheueren Reiz aus. Hier bewirkt gerade die Gegensätzlichkeit in den Temperamenten jene Anziehungskraft, die zu harmonischer Ergänzung innerhalb der Partnerschaft im beruflichen Bereich, der Freundschaft im privaten Bereich, der Liebe und der Ehe führt. Steinbock- oder Stier-Wesen passen zwar eigentlich am besten zu Jungfrau-Geborenen. Aber die menschliche Natur läßt sich halt weder durch einen Computer noch durch Gestirnsberechnungen auf einen unverrückbaren Nenner bringen. Und so zeigt uns die Statistik, daß Jungfrauen auch mit Krebsen können. Und selbst Skorpionen nicht abhold sind. Was eigentlich logisch ist, denn der scharfe jungfräuliche Intellekt eines weiblichen oder männlichen Wesens sieht sich gerade hier mit einem äußerst attraktiven Angebot interessanter Zeitgenossen und Zeitgenössinnen konfrontiert:

Skorpionischen Konstellationen verdankt die Welt (und die Jungfrau!) u.a. Charles de Gaulle, Pablo Picasso, Fjodor Michailowitsch Dostojewskij, Uwe Seeler und Alfred Nobel, Indira Gandhi, Fürstin Gracia Patricia von Monaco, Luise Ullrich, Mary Wigman, Selma Lagerlöf und Marie Curie!
Von einem Skorpion wird berichtet, daß er in den goldenen zwanziger Jahren in Berlin ein Restaurant eröffnete. Doch seinem Koch-Handwerk war kein goldener Boden beschieden. Er war überzeugter Vegetarier. Und als sich seine Gäste davon überzeugt hatten, blieben sie aus. Da trat mit einem jungen Koch eine Jungfrau in sein Leben, die ihn von der gastrosophisch-ernährungswissenschaftlichen Bedeutung des Fischs für die gute Küche und für die Güte der Gesundheit überzeugte. Und zu Unterstützung dieser Thesen kreierte sie

**Lachs in rotem Champagnerwein**

*2 Scheiben frischer Lachs (am besten aus der Mitte geschnitten, je ca. 200 g)*
*2 EL Butter · 6 Schalotten oder 2 kleine Zwiebeln · 1/4 Fl. Bouzy (stiller Rotwein aus der Champagne oder ein anderer trockener Rotwein, evtl. ein Ahrwein)*
*1 TL Bouillon-Extrakt*
*Zitronensaft · 6 EL süße Sahne*
*4 EL blanchierte, gehackte Spinatblätter*

Den Lachs kurz kalt abspülen, gut abtrocknen und in eine ausgefettete, ofenfeste Auflaufform legen, einige kleine Butterflocken darauflegen und die

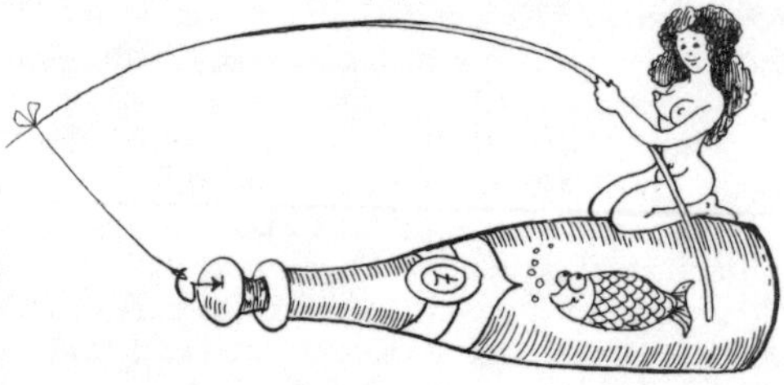

feingehackten Schalotten darüberstreuen und so viel Wein angießen, daß der Fisch knapp halb bedeckt ist.
Die Auflaufform zudecken bzw. mit Alufolie verschließen und den Fisch im vorgeheizten Ofen (E: 175°, G: 2) etwa 12–15 Minuten garen lassen.
Herausnehmen, den Fisch aus dem Sud heben, die Haut vorsichtig abziehen und die Lachsscheiben auf einer vorgewärmten Platte oder auf der Alufolie warm halten.
Den Fond in eine Kasserolle gießen, bei starker Hitze etwas einkochen lassen, salzen, den Bouillonextrakt unterrühren, mit Zitronensaft abschmecken und die Sauce unter ständigem Rühren mit dem Schneebesen mit der Sahne binden. Kurz vorm Servieren den Spinat unterziehen, die Sauce über den Fisch gießen und servieren.
Dazu trinken Sie ein Glas wohltemperierten Bouzy, der das Aroma dieser ungewöhnlichen Zubereitung auf Ihrem Gaumen zur vollen Blüte bringt.

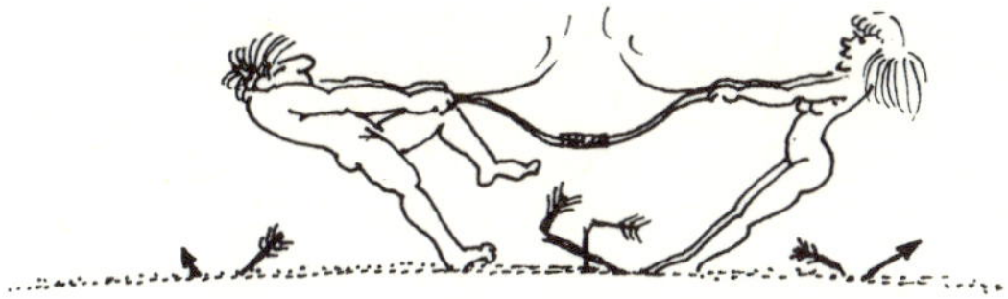

**Jungfrau und Schütze (23.11. bis 22.12.)**

Problematisch wird es, wenn Jungfrau und Schütze ein Tänzchen miteinander wagen. Denn bei diesem Wagnis bringen sie die diametral entgegengesetzten Interessen und Lebensauffassungen rasch aus dem Takt! Hier muß also wirklich prüfen, wer sich ewig bindet – sonst kann man bei der Hochzeit schon vorsorglich den Scheidungstermin vormerken lassen! Denn der Schütze ist weltoffen, optimistisch, von lebhafter Elastizität, dauernd mit neuen Ideen beschäftigt und eigentlich immer unterwegs zu fernen Horizonten in seinem Erlebnis- und Entdekkungshunger. Dies schmeckt der kühlen, reservierten und niemals spontan oder spekulativ agierenden Jungfrau herzlich wenig. Und wenn es unbedingt trotzdem ein Schütze sein soll, damit die arme Seele Ruh' hat – dann kann sie eigentlich nur nach folgendem Motto vorgehen: »Appetit holt man sich draußen – gegessen aber wird daheim!«
Was auch für den kulinarischen Bereich gilt! Der Schütze neigt nämlich nicht nur zu erotischen Dienstleistungen außer Haus – er liebt auch exotische Seitensprünge in anderer Länder Küchen! Und hier kann ihn die Jungfrau packen. Sie servieren ihrem flatterhaften Gastroerotosophen

**Oignons provençale**
Zwiebeln aus Südfrankreich

*250 g kleine Zwiebeln · 2 EL Olivenöl*
*½ Fl. Rotwein*
*(Côtes de Provence, Tavel o. ä.)*
*Herbes de Provence*

Die geschälten Zwiebeln im Öl mit der Wurzel nach unten in eine ofenfeste Auflaufform, in der alle nebeneinanderliegen können, geben und anbraten. Beginnt das Öl zu rauchen, mit so viel Rotwein ablöschen, daß die Zwiebeln halb bedeckt sind, mit der Gewürzmischung »Herbes de Provence« abschmecken und im vorgeheizten Ofen (E: 200°, G: 3) etwa 60–75 Minuten garen lassen. Des öfteren mit Wein übergießen.
Die Zwiebeln aus dem Ofen nehmen und den Weinfond langsam auf dem Herd noch einkochen lassen, bis er andickt.
Kühl stellen und mit Stangenweißbrot als Vorspeise servieren.

Der solcherart verwöhnte Schütze wird künftig seine Aushäusigkeiten auf ein allenfalls vertretbares Mindestmaß beschränken!

**Jungfrau und Steinbock (22.12. bis 20.1.)**

Bei Jungfrau und Steinbock kann man von einer »kosmischen Wahlverwandtschaft« sprechen! Beide zeichnen sich durch Organisationstalent, Vernunft und eiserne Disziplin aus. Und weil beide nicht unbedingt als anpassungsfähig zu bezeichnen sind, passen sie sich einander gerade wegen der Gleichartigkeit ihrer Mentalitäten so gut an. Unternehmungen, die sie gemeinsam anpacken, bringen sie meist sehr erfolgreich zu Ende. Man könnte, um es auf einen Nenner zu bringen, sagen:
Wenn der Steinbock mit sparsamer Umsicht und gründlicher Wirtschaftsplanung das Häuschen erarbeitet und gebaut hat, dann legt die in Gelddingen sehr reale Jungfrau die Mieten fest und kassiert sie! Da sich dieses Büchlein aber nicht an Bauherrn und Vermieter wendet, soll Jungfrau und Steinbock hier ein ganz spezifischer Ratschlag erteilt werden! Sie liegen bestens, wenn sie ein kleines Spezialitäten-Restaurant aufmachen. Vorratswirtschaft, strenge Kalkulation, rationelle Küchentechnik, wochenweises Vorausplanen, marktorientierte Speisenkartengestaltung – all dies liegt beiden im Blut. Und während der Steinbock in der Küche seine mangelnde Begeisterungsfähigkeit in Erfolgsstre-

ben umsetzt, setzt sie an der Kasse kulinarische Genüsse in klingende Münze um. Zur Eröffnung des Hauses empfehlen wir eine Einladung an die lokale Presse zu

**Flußkrebs in Rosmarinbutter**

*10 lebende Flußkrebse · Salzwasser*
*6 EL kaltgeschlagenes Olivenöl (Jungfrauen-Öl)*
*2 EL Butter · 4 Schalotten*
*1 EL grobgestoßener schwarzer Pfeffer*
*1 EL frische Rosmarin-Nadeln*
*1 EL grobes Meersalz*

Die Flußkrebse zuerst chartrieren, d. h. den Darm entfernen. Das geht ganz einfach so: Sie fassen die mittlere Schildplatte des Schwanzendes zwischen zwei Finger, drehen sie mit einem Ruck und ziehen sie mit dem daranhängenden Darm vorsichtig heraus. Die Krebse sofort ins kochende Salzwasser

werfen, nach 1 Minute herausnehmen und gut abtropfen lassen. Wer die lieben Tierchen nicht chartrieren mag, kann sie auch so ins Salzwasser werfen.
In einem Topf mit dickem Boden, der die Hitze gleichmäßig verteilt, das Olivenöl erhitzen, die Butter unter Rühren darin auflösen, die feingehackten Schalotten, Pfeffer, Rosmarin zugeben und die Krebse mit dem Rücken nach unten darauflegen, salzen und zugedeckt 5 Minuten bei guter Hitze garen, bis der Panzer schön rot ist. Dabei mehrmals durchschwenken. Die Krebse umdrehen und nochmals 5 Min. garen lassen.
Die Krebse auf vorgewärmten Suppentellern anrichten, mit dem Bratfond übergießen und servieren. Dazu gibt es luftiges, knuspriges Weißbrot (kein süßlich lasches Toastbrot aus der Fabrik), mit dem Sie den Fond auftunken. Wer es perfekt machen will, serviert als Getränk dazu einen wohltemperierten Pouilly-Fuisse, einen Sancerre oder Saumur, aber auch ein fränkischer Steinwein, ein »Rödelseer Küchenmeister« oder ein »Volkacher Ratsherr« kann eine genußvolle Abrundung sein.

**Jungfrau und Wassermann (21.1. bis 19.2.)**

Wassermann und Jungfrau haben so wenig Verständnis füreinander, daß es selbst zu Mißverständnissen kaum ausreicht. So jedenfalls steht es in den Sternen. Aber Ausnahmen pflegen ja die Regel zu bestätigen. Und in diesem Fall gibt's eine Menge Ausnahmen, die zu denken geben. Während der Wassermann sich zwar gerne einem Vogel gleich in die Lüfte hinaufschwingt zu Höhenflügen hinweg über Raum und Zeit, bleibt die realistische Jungfrau, gerne allem Irdisch-Sachlichen verhaftet, mit beiden Beinen auf dem Boden nüchterner Tatsachen. Doch beide finden und verstehen sich durchaus auf intellektueller Ebene, im Studium, im Bereich der Forschung und auf dem Gebiet der Kultur, wozu ja nicht nur Goethe, Beethoven und Pablo Picasso gehören. Essen, Trinken und somit die Feinschmeckerei zählen ebenfalls zur Kultur, auch wenn sich das noch nicht bis überallhin rumgesprochen hat. So sei's hiermit getan! Und gleich mit einem Beispiel belegt:

**Überbackene Himbeeren**
(auf die Sie und drei Gäste schon bei der Suppe warten werden)

*etwa 400 g Himbeeren · 2 EL Zucker*
*4 cl Himbeergeist · 2 Eigelb*
*2 halbe Eischalen voll Zucker*
*2 halbe Eischalen voll Süßwein (Marsala, weißer Portwein) · 4 EL gehobelte Mandeln*
*4 TL Puderzucker*

Die Himbeeren in einer Schüssel mit Zucker bestreuen und mit dem Himbeergeist beträufeln. 30 Min. ziehen lassen.
Das Eigelb mit dem Zucker im warmen Wasserbad (nicht kochen!) schaumig schlagen, den Süßwein zugießen und die Masse so lange schlagen, bis sie cremig-schaumig ist.
Die Himbeeren in tiefe Teller, am besten Suppenteller, geben, mit der Schaumcreme übergießen und unter dem Grill bräunen, mit gehobelten Mandeln und Puderzucker bestreut servieren.
Anstelle der Himbeeren können Sie auch Walderdbeeren oder, was natürlich nicht so aromatisch ist, Gartenerdbeeren nehmen. Dann nehmen Sie anstelle des Himbeergeistes Erdbeergeist oder Erdbeerlikör in der gleichen Menge. Den Dessertwein, der Ihnen zu süßlich sein könnte, können Sie natürlich auch gegen einen Gewürztraminer, Riesling oder Müller-Thurgau austauschen.

**Jungfrau und Fisch (20.2. bis 20.3.)**

Manchmal geht's ja wirklich kurios zu auf der Welt! Eine Jungfrau liebt zwar Fisch über alles, sofern er gesotten, gedünstet, filetiert, gebraten, nach Müllerinnen-Art, blau, geräuchert, als Salat, in Dosen, fangfrisch, gedünstet, mit oder ohne Sauce auf den Tisch des Hauses kommt. Einen zweibeinigen Fisch aber verweist sie zunächst mal des Hauses, weil sie ihn nicht verknusen kann! »Wenn mancher Mann wüßte, wer mancher Mann wär', gäb' mancher Mann manchem Mann manchmal mehr Ehr'« – möchte man hier mit einem alten deutschen Sprichwort ausrufen. Und das gilt sinngemäß natürlich auch für die Damen, auch wenn sich's da nicht

so lustig reimt. Der Fisch zeichnet sich durch große Empfindlichkeit seiner Gefühlswelt, durch ein feines Gemüt und große Liebebedürftigkeit aus. »Ellenbogen«, »Durchsetzungswillen« und »methodischer Fleiß« gehören nicht zu seinem Repertoire. Das verunsichert logischerweise die kopflastig planende, organisierende und zweckgebundenen Tätigkeiten verpflichtete Jungfrau. Zunächst! Denn wenn sie dem Fisch unter die Schuppen blickt, dann nimmt sein weiches, edles Herz auch sie gefangen. Und sie wird ihn zu sich hereinlassen. Vielleicht zunächst nur ins Aquarium.

**Bachforelle aus der Folie**

*2 lebendfrische Bachforellen · Pfeffer*
*Salz · 12 Schalotten oder 6 Zwiebelchen*
*4 cl trockener Weißwein*
*200 g junge Erbsen · 1 EL Butter · Alufolie*

Ich bevorzuge Bachforellen, sie schmecken saftiger und aromatischer als die eintönig-mehligen Zuchtforellen aus stehenden Gewässern. Und lebendfrisch heißt, sie sollen ihr Leben noch nicht länger als 5 Minuten ausgehaucht haben.
Die küchenfertig vorbereiteten Forellen kurz kalt abspülen und vorsichtig trockentupfen, damit die Schleimschicht nicht zerstört wird. Die Schalotten, zur Not gehen auch kleine Zwiebeln, einige Minuten in Weißwein dünsten, abgießen und in mittelfeine Scheiben schneiden.
Die Alufolie so zurechtschneiden, daß die Forellen darin eingewickelt werden können, dann mit Butter

bestreichen und eine Lage Schalotten darauflegen. Die Forellen leicht salzen, pfeffern, mit den Erbsen füllen und auf die Schalotten legen, mit den restlichen Schalotten zudecken und die Folie verschließen. Die Forellen im vorgeheizten Ofen (E: 200°, G: 3) je nach Größe 15–18 Min. garen. Richtig sind sie, wenn ihr Fleisch an den Gräten noch rosa ist. Herausnehmen und in der geschlossenen Folie auf den Tisch bringen. Die Forellen erst dort auswikkeln, da sonst das zarte Aroma schon auf dem Weg aus der Küche verfliegen würde.

## Jungfrau und Jungfrau

Wenn zwei so kritische und reservierte Geister einander begegnen wie Jungfrau und Jungfrau, dann stehen natürlich viele Zerwürfnisse wegen kleinlicher Nörgeleien und so ins Haus. Unlebendig also wird's niemals zugehen! Weil aber beide zur Kameradschaftlichkeit neigen, kann sich auf der Basis der anderen Gemeinsamkeiten durchaus eine zuverlässige Partnerschaft entwickeln. Im geschäftlichen Bereich zum Beispiel. Da sie im privaten Bereich sowieso dem gleichen Hobby frönen! Sie lesen nämlich gerne – Bilanzen, Bankauszüge und so! Herr Friedrich Augenthaler besitzt in München ein Feinkostgeschäft erster Güte. Als er sich vor einem Jahr entschloß, das Geschäft zu vergrößern, da nahm er den ebenfalls jungfräulichen Herrn Kurt Teckelsen als Kompagnon auf. Dieser erweiterte mittlerweile das Angebot des Hauses durch eine Reihe eigenhändig zubereiteter Schlemmer-Salate wie etwa

**Bohnensalat mit Champignons und Lachs**
(für zwei Salat-Fans)

*250 g feine Bohnen (Prinzeßbohnen)*
*125 g frische Champignons*
*(ideal sind Wiesenchampignons)*
*100 g schwedischer Graved-Lachs*
*6 EL Olivenöl · 2 EL Weinessig*
*1–2 EL Sherry · Pfeffer · Salz*
*2 EL gehackte Petersilie*

Die Bohnen nur an den Enden etwas stutzen, im kochenden Salzwasser 2–3 Min. blanchieren, unter fließendem kaltem Wasser abschrecken, abtropfen und ganz erkalten lassen.
Die Champignons putzen, schnell kalt durchwaschen, abtrocknen und in dünne Scheiben schneiden.
Den Lachs in feine lange Streifen schneiden.
Aus Olivenöl, Essig und Sherry – besser noch, falls Sie ihn bei Ihrem Feinkosthändler bekommen, nehmen Sie einen Sherry-Essig – eine Marinade rühren, mit einer Prise Salz und einigen Drehungen aus der Pfeffermühle würzen.
Bohnen, Champignonscheiben und Lachsstreifen in einer Schüssel mit der Marinade übergießen und vorsichtig am besten mit den Händen, weil Sie damit mehr Gefühl haben, als mit einem Salatbesteck durchheben.
Den Salat auf Portionsteller verteilen und mit etwas feingehackter Petersilie überstreut servieren. Anstelle von Lachs können Sie diesen Salat einmal mit der gleichen Menge feingeschnittener Hähnchen-

oder Putenbrust zubereiten. Und zu einer Delikatesse erster Klasse: richten Sie den Salat einmal mit Wachtelbrüstchen an.

## Salat Henri

*4 Artischockenböden · 2 reife Avocados*
*1 Kopfsalat (knackig und frisch)*
*1 Limette (evtl. auch Zitrone) · 1 Hähnchen*
*1 Ingwerwurzel (evtl. auch eingelegt)*
*Olivenöl Vierge (Jungfrauen-Öl)*
*Salz · Pfeffer*

Das Hähnchen unter dem Grill etwa 20–25 Min. braten, so daß es noch rosa am Knochen ist, denn durchgebraten verliert es sein Aroma und ist nur noch trocken. Die Brust häuten und ablösen, dann die Keulen lostrennen.
Die Artischockenböden abtropfen lassen und in Scheiben schneiden. Die Avocados schälen, halbieren, die Hälften gegeneinander drehen, den Kern herausnehmen und das Fleisch in Spalten schneiden. Die Limette wie einen Apfel schälen, um die weiße Fruchthaut zu entfernen und in Scheiben schneiden, den Saft auffangen. Den Ingwer in dünne Scheiben schneiden. Vom Kopfsalat nur das Herz verwenden, waschen, gut trockenschleudern und in Julienne (dünne, lange Streifen) schneiden.
Die Salat-Julienne auf Tellern anrichten, mit Avocadospalten und Artischockenstreifen belegen, jeweils eine in Scheiben geschnittene Hähnchenbrust darauf anrichten, mit Limettenscheiben um- und Ingwerscheiben belegen.

Das Olivenöl mit Limettensaft, Pfeffer und Salz zu einer Dressing verrühren und den Salat damit beträufeln.
Die Hähnchenkeulen dekorativ dazulegen.

Beide Jungfrauen können zufrieden sein. Der Umsatz steigt und steigt und steigt ...

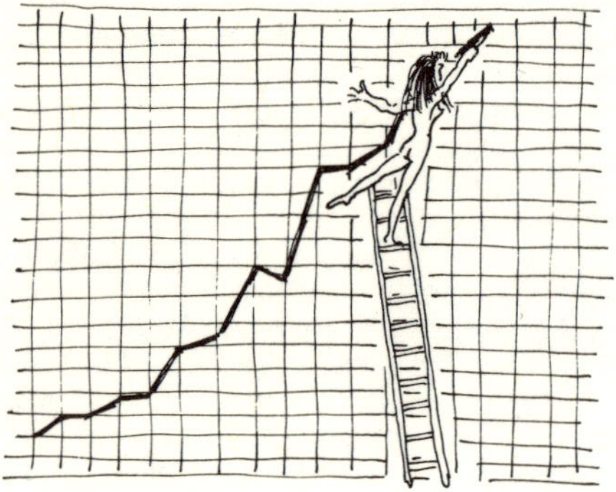

# Rezeptregister